《中华人民共和国监察法》学习解读

本书编写组　编写

中国方正出版社

出版说明

2024年12月25日，十四届全国人大常委会第十三次会议审议通过《关于修改〈中华人民共和国监察法〉的决定》。修改《中华人民共和国监察法》（以下简称《监察法》）坚持以习近平新时代中国特色社会主义思想为指导，全面贯彻习近平法治思想和习近平总书记关于党的自我革命的重要思想，深入贯彻党的二十大和二十届三中全会精神，进一步健全反腐败基础性法律制度，为坚决打赢反腐败斗争攻坚战持久战总体战提供有力保障。

为帮助广大纪检监察干部学习理解、贯彻执行修改后的《监察法》，准确把握其内涵要义和实践要求，我们编写了《〈中华人民共和国监察法〉学习解读》。本书分三部分，第一部分“专题解读”，对《监察法》的修改背景、精神实质、核心要义和条文内涵等进行权威解读；第二部分“相关问题解答”，重点解读《监察法》的修改内容，涉及监察再派出制度、新增强制措施的适用条件、监察程序等重点难点问题；第三部分“《中华人民共和国监察法》及修正草案说明”，收录了修改后的《监察法》全文，以及修正草案说明。本书观点权威准确，突出针对性和指导性，是各级纪检监察机关和广大纪检监察干部学习理解《监察法》的有益参考。

囿于时间和经验，本书编写中难免存在缺点和不足，敬请读者批评指正。

编　者

2025 年 3 月

目　　录

第一部分　专题解读

第二部分　相关问题解答

第三部分 《中华人民共和国监察法》及修正草案说明

第一部分

专题解读

解读之一

推进反腐败国家立法
为坚决打赢反腐败斗争攻坚战持久战
提供法制保障

2024 年 12 月 25 日，十四届全国人大常委会第十三次会议表决通过《关于修改〈中华人民共和国监察法〉的决定》。修改《中华人民共和国监察法》（以下简称《监察法》）坚持以习近平新时代中国特色社会主义思想为指导，全面贯彻习近平法治思想和习近平总书记关于党的自我革命的重要思想，深入贯彻党的二十大和二十届三中全会精神，深刻领悟“两个确立”的决定性意义，增强“四个意识”、坚定“四个自信”、做到“两个维护”，把党中央关于持续深化国家监察体制改革的决策部署通过法定程序转化为国家意志，进一步健全反腐败基础性法律制度，为坚决打赢反腐败斗争攻坚战持久战提供有力保障。

一、充分认识修改《监察法》的重要意义

十三届全国人大一次会议于 2018 年 3 月 20 日审议通过的《监察法》，是深化国家监察体制改革的重大制度成果。《监察法》的实施，对加强党对反腐败工作的集中统一领导，构建集中统一、权威高效的中国特色国家监察体制，实现对公职人员的监察全覆盖发挥了重要作用。与此同时，以习近平同志为核心的党中央从推进党的自我革命、健全党和国家监督体系的高度，对持续深化国家监察体制改革作出重要部署，反腐败斗争面临新的形势和任务，全面建设社会主义现代化国家对纪检监察工作高质量发展提出新的要求，迫切需要与时俱进地对《监察法》作出修改完善。

*一是深入贯彻党的二十大和二十届三中全会决策部署的必然要求。*党的二十大和二十届三中全会对推进反腐败国家立法作出明确部署。《监察法》作为对国家监察工作起统领性和基础性作用的反腐败国家立法，是党和国家监督制度的重要组成部分。贯彻党的二十大和二十届三中全会精神，及时修改《监察法》，坚持和强化党对监察工作的领导，坚持和完善党中央集中统一领导下的反腐败工作体制机制，完善监察机关派驻制度，深化反腐败国际合作，增强监察全覆盖的有效性，有利于健全党和国家监督体系，增强治理腐败效能，提升党的自我

净化、自我完善、自我革新、自我提高能力，更好实现新时代新征程党的使命任务。

二是巩固拓展国家监察体制改革成果的重要举措。习近平总书记强调，“要实现立法和改革决策相衔接，做到重大改革于法有据、立法主动适应改革发展需要”。《监察法》实施以来，在党中央坚强领导下，国家监察体制改革持续深化，改革举措不断出台，改革成效不断显现。修改《监察法》，及时把在党中央领导下持续深化国家监察体制改革积累的宝贵经验制度化，将实践成果上升为法律规定，能够为持续深化国家监察体制改革提供长久法治动力，有利于形成立法保障改革、改革推动制度创新的良性循环。

三是解决新形势下监察工作中突出问题的现实需要。当前，反腐败斗争取得压倒性胜利并全面巩固，但形势仍然严峻复杂，铲除腐败滋生土壤和条件的任务仍然艰巨繁重。修改《监察法》，根据反腐败斗争的新形势新任务，进一步授予监察权限，优化留置期限，完善反腐败的手段措施，打通理顺制度堵点难点，有利于依法解决实践中反映出来的突出问题，进一步提高监督执法工作的精准性、实效性，彰显高压惩治腐败的鲜明态度，为以零容忍态度反腐惩恶，坚决打赢反腐败斗争攻坚战持久战，一体推进不敢腐、不能腐、不想腐提供法制保障。

四是加强监察工作规范化、法治化、正规化的有力保证。习近平总书记多次强调，纪检监察机关要增强法治意识、程序意识、证据意识，不断提高纪检监察工作规范化、法治化、正规化水平。《监察法》集组织法、程序法、实体法于一体，对保障各级监察机关正确行使职权，以法治思维和法治方式反对腐败发挥了积极作用。随着监察实践的不断丰富发展，修改《监察法》，进一步完善监察程序、严格批准权限，健全监察机关内控机制，严格对监察人员违法行为的责任追究，有利于指导各级监察机关加强规范化、专业化建设，健全自身权力运行机制和管理监督体系，确保监察执法权受监督、有约束，推进新时代监察工作高质量发展。

二、准确把握《监察法》修改的主旨要义

《监察法》是监察机关开展监督执法工作的基本法律依据。各级监察机关要认真学习理解修改后的《监察法》，准确把握其内涵要义和实践要求。

（一）强化监察法治理念，促进在法治轨道上深化反腐败工作。监察法治理念是监察工作领域贯彻落实习近平法治思想的具体体现，指导监察执法工作的具体实践。2018 年制定《监察法》，将“以事实为根据，以法律为准绳”、“在适用法律上一律平等”等法治理念具体化为监察工作原则，有力推动了监察工作法治化。本次修改

《监察法》，坚持理念创新和制度创新同步推进，总结《监察法》实施以来在推进廉政建设和反腐败斗争中贯彻落实习近平法治思想的新举措新经验，提炼转化为监察法治理念，并贯通落实和体现到各项具体制度设计之中。一是尊重和保障人权。为贯彻宪法关于“国家尊重和保障人权”的规定，在监察工作原则中增写“尊重和保障人权”，并将“保障当事人的合法权益”细化为“保障监察对象及相关人员的合法权益”，充分彰显了监察工作依法保障人权的鲜明立场。同时，将人权保障理念落实到《监察法》关于调查取证、措施适用、救济机制等新增规定中，涵盖监察对象及相关人员的人身权、知情权、财产权、申辩权、申诉权和申请复审复核权等各项合法权益，充分体现惩治腐败与保障人权有机统一的法治精神。二是遵守法定程序，公正履行职责。守法律、重程序，这是法治的第一位要求。法定程序是监察机关履职行权的基本遵循，公正执法是监察工作的内在要求。《监察法》修改将这一法治理念纳入监察工作原则，并相应完善监察程序、对监察机关和监察人员的监督等相关规定，以法律形式强化监察机关公正开展监察工作的要求。在第五章监察程序中增加规定，“调查人员应当依法文明规范开展调查工作”，并明确了严禁以暴力等非法方式收集证据的要求，坚决杜绝违法取证。三是依法保护企业产权和自主经营权。习近平总书记强调："纪检监察机关在履行职责过程中，有时需要企业经营者协助调查，这种情况下，要查清问题，也要保障其合法的人身和财产权益，保障企业合法经营。"修改后的《监察法》落实党中央要求，对监察机关依法保护企业产权和自主经营权作出专门规定，要求在履行职责过程中需要企业经营者协助调查的，应当保障其人身权利、财产权利和其他合法权益，避免或者尽量减少对企业正常生产经营活动的影响，为促进企业发展营造良好法治环境。

（二）完善监察派驻、派出制度，增强监察监督全覆盖的有效性。习近平总书记强调，要强化对权力监督的全覆盖、有效性，确保权力不被滥用。国家监察是对公权力最直接最有效的监督。修改前的《监察法》规定了监察派驻、派出制度，各级监察委员会依法向本级党的机关、国家机关、国有企事业单位等派驻、派出监察机构、监察专员，有力推进了监察全覆盖。为进一步构建横向到边、纵向到底、分工协作的监察全覆盖体系，增强监督有效性，修改后的《监察法》结合派驻、派出机构改革实践，丰富完善了监察派驻、派出制度。一是细化派驻、派出相关规定。进一步明晰派驻范围，对"中国人民政治协商会议委员会机关"和"事业单位"予以明确列举。将原规定的"所管辖的行政区域"修改为

“辖区内特定区域”，更加精准体现监察委员会依法向地区、盟、开发区等不设置人民代表大会的区域，以及不设立监察委员会的街道、乡镇等特定区域派出监察机构或者监察专员的实际情况，进一步增强法律规定的指向性。二是创设监察再派出制度。根据修改前的《监察法》的规定，只有各级监委可以派驻、派出监察机构、监察专员，而且只能向本级党和国家机关等单位派驻、派出。因此，对于实行垂直管理或者双重领导并以上级单位领导为主的单位而言，国家监委只能向其中央一级单位派驻监察机构。实践中，实行垂直管理或者双重领导并以上级单位领导为主的单位的公职人员队伍规模大，单位层级多，国家监委派驻机构的监察监督难以有效覆盖全系统。同时，中管企业、部属高校和国务院国资委下属的委管企业在监察权运用的全覆盖方面存在与此相同的问题。为解决上述问题，本次修改《监察法》新增监察再派出制度，规定经国家监委批准，国家监委派驻本级实行垂直管理或者双重领导并以上级单位领导为主的单位的监察机构、监察专员可以向驻在单位的下一级单位再派出；国家监委派驻监察机构、监察专员，可以向驻在单位管理领导班子的普通高等学校再派出；国家监委派驻国务院国有资产监督管理机构的监察机构，可以向驻在单位管理领导班子的国有企业再派出。监察再派出制度为国家监察工作注入新的动能，有利于实现监察权向下延伸，增强监察监督全覆盖的有效性。

（三）授予必要的监察权限，加强反腐败能力建设。为保障监察机关有效履行监察职责，《监察法》对监察机关在工作中可以采取的监察措施作了明确规定，为保障调查工作顺利开展发挥了重要作用。本次修法坚持授权与控权相结合，既赋予监察机关必要权限，进一步丰富反腐败工具箱，又强化对监察措施行使的监督管理。一是科学构建监察强制措施体系。根据反腐败工作需要和监察工作特点，本着确有必要、科学合理的原则，新增强制到案、责令候查、管护三项监察强制措施，与原有的留置措施一起，形成轻重结合、配套衔接、环环相扣的监察强制措施体系。这有利于监察机关更好应对复杂实践情况，减少留置措施适用，保障相关人员人身安全。二是严格规范监察强制措施适用。在依法授予必要的监察强制措施的同时，对新增监察强制措施适用情形予以列举式规定，明确采取相关措施应当按照规定的权限和程序，经监察机关主要负责人批准，防止实践中滥用。完善相关权益保障条款和刑期折抵规定，确保相关措施严格规范行使。同时，专门增加关于将管护、留置措施依法变更为责令候查措施的规定，体现慎用管护、留置措施的立法精神。三是合理优化相关监察措施。修改后的《监察法》深入贯彻权由法定、权依法使的基本法治理念，进一步明确谈话、函询措施的法律地位，优化勘验检查措施相关表述，增加关于调查实验的规定，以保障监察机关依法有效履行监察职责。

（四）细化完善监察程序，严格规范监察权行使。开展监察工作必须坚持实体与程序并重，以程序公正保障实体公正。《监察法》专门设置监察程序一章，对监察机关开展监督、调查、处置工作程序作出明确规定，并在程序中贯穿监察机关、监察人员的工作权限和履职要求。修改后的《监察法》聚焦监察工作程序中的关键点和风险点，构建完善更加规范、严密的监察工作程序，在监察权运行的重要环节充分彰显严格依法履职行权的法治要求。一是优化留置期限制度。在现行留置期限规定的基础上，增加规定经国家监委批准或决定，对可能判处十年有期徒刑以上刑罚的被调查人可以再延长二个月留置期限，省级以上监察机关发现另有重要罪行可以重新计算一次留置期限，以适应监察办案实际，解决重大复杂案件留置期限紧张的问题，保证办案质量和效果。同时，严格限定留置期限再延长和重新计算的审批层级、适用条件和次数等，切实防止实践中泛化使用。二是强调审理的审核把关和监督制约作用。在修改后的《监察法》中明确审理程序的法律地位，要求对案件事实和证据、性质认定、程序手续、涉案财物等进行全面审理，充分发挥审理对调查的审核把关作用。三是明确承担留置场所看护勤务的机关。要求由公安机关负责省级以下监察机关留置场所的看护勤务，并对留置看护队伍的管理作出原则规定。这为公安机关开展留置场所的看护勤务工作提供了更为明确、充分的法律依据，有利于加强留置看护规范化、法治化、正规化建设。

（五）突出对监察权的严格管理和约束，坚决防治“灯下黑”。习近平总书记指出，监察权是把双刃剑，也要关进制度的笼子，自觉接受党和人民监督，行使权力必须十分谨慎。2018 年制定《监察法》，在第七章专章规定了对监察机关和监察人员的监督，构建系统化全方位的监督机制。在此基础上，修改后的《监察法》在顶层制度设计上进一步突出对监察权的严格管理和约束，有针对性地完善相关监督制约机制。一是明确特约监察员的法律地位。及时将近年来特约监察员工作的实践成果上升为法律制度，规定特约监察员对监察机关及其工作人员履行职责情况实行监督，为进一步发挥特约监察员监督作用提供制度保障。二是新增监察禁闭措施。巩固深化全国纪检监察干部队伍教育整顿成果，增加规定监察人员涉嫌严重职务违法或者职务犯罪，为防止造成更为严重的后果或者恶劣影响，监察机关可以对其采取禁闭措施，体现对监察人员从严监督和约束，推动常态化清除害群之马，永葆忠诚干净担当、敢于善于斗争的铁军本色。三是完善申诉追责机制。结合新增监察强制措施、保护企业产权和自主经营权的要求，相应完善对监察机关及其工作人员违法办案的申诉制度和责任追究规定，切实做到监督别人的人首先要监管好自己，对执法违法的坚决查处，决不护短遮丑。四是强化保密要求。将监督、调查过程中知悉的工作秘密和个人信息纳入保密范围，强化监察机关及其工作人员的保密义务。

三、抓好修改后的《监察法》贯彻实施

习近平总书记强调，法规制度的生命力在于执行；必须一手抓制定完善，一手抓贯彻执行。各级监察机关和监察人员要把学习贯彻修改后的《监察法》作为重要任务，认真抓实抓好，确保制度落地生根。

一是与党的二十届三中全会改革部署一体贯彻落实。党的二十届三中全会对深入推进党风廉政建设和反腐败斗争、健全公正执法司法体制机制等作出重大决策部署，为下一步深化纪检监察体制改革指明了方向。修改《监察法》，既是贯彻落实三中全会决策部署的重要举措，又为下一步深化国家监察体制改革提供法治助力。贯彻实施修改后的《监察法》，要与落实党的二十大和二十届三中全会精神、二十届中央纪委四次全会工作部署相结合，

与深化国家监察体制改革相结合，坚持党中央对监察工作的全面领导，以制度建设为主线深化改革，健全完善《监察法》配套制度，深化组织和制度创新，及时将修改后的《监察法》关于监察再派出、监察强制措施、留置看护队伍等规定转化为改革成效，在法律框架内推动和保障监察机关内设机构、派驻机构、基层监督等领域改革落实落地。

二是忠实履行《监察法》赋予的职责。本次修改《监察法》，将“深入开展廉政建设和反腐败工作”作为首要立法目的，丰富和完善监察机关履职措施，充分彰显始终保持惩治腐败高压态势的坚定决心。各级监察机关要坚决扛起反腐败职责，用好法律赋予的各项措施，切实履行反腐败国际合作职责，深化整治权力集中、资金密集、资源富集领域腐败，严肃查处政商勾连破坏政治生态和经济发展环境问题，丰富防治新型腐败和隐性腐败的有效办法，加大追逃防逃追赃力度，持续释放从严惩治腐败的强烈信号，督促广大公职人员依法用权、秉公用权、廉洁用权，促进巩固党的执政基础，提高党的执政能力，为推进中国式现代化提供坚强保证。

三是提高监察工作规范化、法治化、正规化水平。本次修法秉持审慎赋权、严格限权的理念，对监察机关进一步提出行使权力必须十分谨慎、严格依法开展监察工作的要求。各级监察机关要严格落实修改后的《监察法》各项规定，采取监察强制措施、延长留置期限等必须按照规定的审批权限履行报批手续，严格遵守法定适用条件和期限，依法出具和送达法律文书，从严掌握、慎重采取相关措施。要以学习贯彻修改后的《监察法》为契机，巩固拓展纪检监察干部队伍教育整顿成果，强化监察机关自身建设，严格落实权力运行内控和监督制约机制，打造忠诚干净担当、敢于善于斗争的纪检监察铁军。

（中央纪委国家监委法规室）

解读之二

建立监察再派出制度
增强监察监督全覆盖有效性

此次修改《监察法》，在第十二条新增第二款、第三款，规定经国家监委批准，国家监委有关派驻监察机构、监察专员可以向驻在单位的下一级单位再派出。建立监察再派出制度，是《监察法》的重要创新，对于进一步完善监察派驻、派出制度，增强监察监督全覆盖的有效性具有重要意义。

再派出制度是监察权向下延伸的有效途径。修改前的《监察法》规定了监察派驻、派出制度，各级监委依法向党的机关、国家机关、国有企事业单位等派驻、派出监察机构、监察专员，其根据授权，按照管理权限依法对公职人员进行监督，对违法的公职人员进行调查、处置，有力推进了监察全覆盖。根据修改前《监察法》的规定，只有各级监委可以派驻、派出监察机构、监察专员，而且只能向本级党和国家机关等单位派驻、派出。对中央垂直管理或者双重领导并以中央单位领导为主单位而言，国家监委只能向其中央一级单位派驻、派出监察机构。实践中，中央垂直管理或者双重领导并以中央单位领导为主单位的公职人员队伍规模大，单位层级多，工作地点分布广，国家监委派驻机构的监察监督难以有效覆盖全系统。本次修改《监察法》新增监察再派出制度，有利于实现监察权向下延伸，破解派驻监督的有关瓶颈问题，增强监察监督全覆盖的有效性。同时，中管企业在监察权运用的全覆盖方面存在与中央垂直管理或者双重领导并以中央单位领导为主单位相同的问题。对于教育部等中央单位所属的高校和国务院国资委下属的委管企业，因不属于国家监委的“本级”，也无法通过直接派驻而授予监察权。相关企业、高校的监察对象人数多、地域分散，国家监委驻中管企业、国务院国资委、教育部等中央一级单位的派驻机构也难以实现有效监督。修改《监察法》，将这些领域与中央垂直管理或者双重领导并以中央单位领导为主单位一并考虑，纳入监察再派出的范畴。

准确把握再派出制度的适用范围。《监察法》第十二条分两款规定了监察再派出制度的适用范围，其中既明确了适用层级，也明确了适用单位的范围。从适用层级看，监察再派出制度仅适用于国家监委派驻监察机构、监察专员，向驻在单位的下一级单位或者驻在单位管理领导班子的普通高等学校、国有企业再派出，并非逐级向下再派出。省、市、县级监委派驻监察机构、监察专员不适用该制度。从适用单位范围看，监察再派出制度可以适用于四类单位：一是中央垂直管理或者双重领导并以中央单位领导为主单位的下一级单位；二是中管企业的下一级国有企业；三是国务院国资委管理领导班子的国有企业；四是教育部等中央单位管理领导班子的普通高等学校。其他类型的单位不适用该制度。

稳妥推进再派出制度贯彻落实。《监察法》除规定监察再派出制度适用范围外，还就监察再派出批准权限作出了规定，主要包括两方面的内容。一是监察再派出须经国家监委批准。监察再派出作为对监察派驻、派出制度的改革创新，涉及领导体制、工作职责、监察权限以及工作程序等多方面内容，需由国家监委统筹把握，相关派驻监察机构、监察专员应当就相关事项履行报批程序。二是监察再派出制度适用范围内的派驻监察机构、监察专员，“可以”再派出而非必须再派出、一律再派出。实践中，中央垂直管理或者双重领导并以中央单位领导为主单位、国有企业等单位监督执纪执法工作基础、人员力量以及公职人员数量不尽相同，是否实行再派出改革，需要综合考虑相关单位的实际情况统筹把握，确保稳妥、有序推动再派出制度落实。

（徐　欣）

解读之三

准确把握新增监察强制措施的内涵 依法审慎适用监察强制措施

2018年《监察法》出台时，正值国家监察体制改革之初。《监察法》授予监察机关留置措施这一项监察强制措施，旨在用留置取代“两规”，实现“两规”措施法治化。随着反腐败斗争的深入，强制措施单一导致监察工作面临一些实际难题。根据反腐败工作需要和监察工作特点，本着确有必要、科学合理的原则，修改后的《监察法》赋予监察机关强制到案、责令候查和管护三项监察强制措施，丰富完善监察机关履职手段，彰显了用法治思维和法治方式惩治腐败的鲜明立场和坚定决心。

准确把握措施制度功能。每一项法律制度都承载着特定的立法目的和功能价值。新增的三项监察强制措施都是针对实践中反映出来的突出问题进行的立法创制，具有重要而独特的制度功能。一是增加强制到案措施，规定监察机关根据案件情况，可以强制涉嫌严重职务违法或者职务犯罪的被调查人到案接受调查，旨在解决监察实践中存在的部分被调查人经通知不到案的问题，增强监察执法权威性，更好保障调查工作开展。二是增加责令候查措施，旨在解决未被采取留置措施的被调查人缺乏相应监督管理措施的问题，同时减少留置措施适用，彰显《监察法》总则关于尊重和保障人权、维护监察对象和相关人员合法权益的基本原则。三是增加管护措施，规定监察机关对自动投案或者交代有关问题的涉嫌严重职务违法或者职务犯罪人员，在紧急情况下可以进行管护，旨在及时排除风险隐患，保障办案安全。新增的三项监察强制措施与原有的留置措施一起，形成轻重结合、配套衔接、环环相扣的监察强制措施体系，有利于更好地应对复杂实践情况，进一步提高监督执法工作的精准性、实效性。

依法审慎准确适用措施。新增监察强制措施既丰富了监察机关反腐败工具箱，也对监察机关履职能力提出了更高要求。监察机关要将修改后的《监察法》关于严格依法、审慎准确适用监察强制措施的立法理念，贯彻到每一个具体案件办理中。一是严格依法适用。修改后的《监察法》坚持授权与控权相结合，对新增监察强制措施的审批程序、法定时限以及工作要求等作了系统规定，为监察机关依法采取相关措施提供了重要制度遵循。

采取新增监察强制措施要严格按照规定的权限和程序，经监察机关主要负责人批准，防止实践中滥用；要严格遵守时限要求，坚决杜绝超期采取措施、以连续强制到案的方式变相拘禁被调查人等违法行为；要依照规定出示证件，严格落实通知、告知要求，依法出具、送达法律文书。二是做到审慎准确。修改后的《监察法》对新增监察强制措施的适用情形作了明确规定，为提高措施适用的精准性奠定坚实法制基础。监察机关要严格对照法定适用条件，综合考虑职务违法和职务犯罪行为的严重程度、被调查人妨碍调查的现实可能性、安全风险和案件情况的紧急性等，研判是否有必要采取措施以及采取何种措施，尽量减少对公民权利的影响。特别是，修改后的《监察法》规定了监察机关依法变更监察强制措施制度，将审慎准确适用的法治理念进一步具体化。监察机关要充分运用这一制度，对于根据案件调查进展情况，不需要继续采取监察强制措施或者可以变更为其他更为轻缓措施的，应当及时予以解除或者变更。

切实尊重和保障人权。修改后的《监察法》将“尊重和保障人权”写入监察工作原则，并针对新增监察强制措施适用过程中的公民权利保障作了系统性规定。一是完善相关权益保障条款。明确监察机关应当保障被强制到案人员、被管护人员以及被留置人员的饮食、休息和安全，提供医疗服务。同时，对被管护人员、被留置人员涉嫌犯罪移送司法机关后刑期折抵问题作出专门规定。二是建立申请变更机制。赋予被管护人员、被留置人员及其近亲属申请变更管护、留置措施的权利，并明确了监察机关的答复要求，以保障申请人权利得到落实。三是完善申诉制度和责任追究制度。明确采取新增监察强制措施法定期限届满，不予以解除或者变更的，被调查人等有权向监察机关申诉。同时，配套规定监察机关及其工作人员违规采取新增监察强制措施或者法定期限届满不予以解除或者变更的，对有关责任人员依法给予处理。监察机关在采取新增监察强制措施时，要严格落实相关制度，恪守维护公民权利的法治防线。

监察强制措施是保障监察调查工作顺利开展的重要手段，其适用情况也是检验监察工作法治化水平的重要指标。各级监察机关要强化法治思维，准确把握新增监察强制措施的功能定位，严格遵守法律法规规定的条件、程序和期限，确保各项措施严格依法规范行使。

（李　庚）

解读之四

依法准确适用留置时间再延长和重新计算制度

修改前的《监察法》规定，“留置时间不得超过三个月。在特殊情况下，可以延长一次，延长时间不得超过三个月”。从近年来办案实践看，新型、隐性腐败案件日益增多，案件查办难度不断加大。为深入推进反腐败工作，修改后的《监察法》新增留置时间再延长和留置时间重新计算制度，既保持现有留置期限制度基本框架总体稳定，又有针对性地解决监察工作实践难题，是运用法治思维和法治方式反对腐败的有效举措。

坚持审慎赋权、严格限权。修改后的《监察法》坚持授权与控权相结合，在新增留置时间再延长和留置时间重新计算制度的同时，对其适用层级、批准权限、适用条件、适用次数均作了严格的限定，确保规范适用，防止泛化滥用。一是限定适用层级。新增的留置时间重新计算制度旨在解决重大复杂案件办理中的实际难题，仅适用于国家监察委员会和省级监察机关办理的案件，市级和县级监察机关调查职务犯罪案件不能重新计算留置时间。二是严格批准权限。修改后的《监察法》规定，地方各级监察机关再延长留置时间和省级监察机关重新计算留置时间均需报国家监察委员会批准。通过严格的审批程序，强化上级监察机关对下级监察机关的监督管理，是严格限权的一道重要“防线”。三是明确适用条件。留置时间再延长制度仅适用于可能判处十年有期徒刑以上刑罚，且监察机关依法延长留置时间后仍不能调查终结的案件。留置时间重新计算则适用于发现“另有与留置时的罪行不同种的重大职务犯罪或者同种的影响罪名认定、量刑档次的重大职务犯罪”，不能对所有新发现罪行均适用该制度。对适用情形明确具体规定，有利于确保留置时间再延长和重新计算制度严格依法规范适用，准确实现制度功能。四是限制适用次数。为更好保障被留置人员合法权益，明确留置时间重新计算以一次为限，坚决避免对涉嫌多个罪名的被调查人反复重新计算留置时间。

依法慎用留置措施。《监察法》出台以来，各级监察机关始终高度重视严格依法适用留置措施。修改后的《监察法》新增留置时间再延长和留置时间重新计算制度，为监察机关提供了更为完备的反腐败工具箱。监察机关应当全面准确理解法律规定，正确适用留置时间再延长和重新计算制度，做到依法审慎用权。一是坚持实事求是。监察机关应当以被调查人涉嫌严重职务违法或者职务犯罪的事实和证据为依据，从严掌握、慎重适用留置措施，严格对照法律规定的适用条件对留置时间予以延长、再延长或者重新计算。二是坚持精准有效。监察机关适用留置时间延长和再延长，应当科学测算后续留置所需合理时间，既保障办案工作又不超过必要限度，避免不区分案件情况一律按照法律规定的最长时间予以延长或者再延长。同时，准确把握重新计算后的留置时间，既保证案件质量，又提高工作效率。三是坚持保障人权。监察机关对不需要采取留置措施的应当及时解除或者变更为责令候查措施，减少留置措施适用。确有必要采取留置措施的，应当保障被留置人员的合法权益，尊重其人格和民族习俗，保障饮食、休息和安全，提供医疗服务。

严格规范留置措施适用，推进监察工作规范化、法治化、正规化，是推进新时代监察工作高质量发展的具体体现。各级监察机关在贯彻执行修改后的《监察法》中，要准确理解把握留置时间再延长和重新计算的相关规定，依法规范适用留置期限制度，严格按照规定权限、程序和要求开展工作，确保监察权在法治轨道上正确行使。

（黄歆然）

解读之五

建立禁闭制度
强化对监察人员的监督

修改后的《监察法》着眼于加强纪检监察干部队伍建设，打造让党中央放心、让人民群众满意的纪检监察铁军，在认真总结全国纪检监察干部队伍教育整顿做法成效的基础上，新增禁闭制度，进一步强化对监察人员的监督，确保监察执法权依法公正行使。

禁闭是监察机关加强内部监督的重要措施。监察机关加强对监察人员执行职务和遵纪守法情况的内部监督，是促进监察权依法公正行使，保证监察人员成为自我革命的表率、遵规守纪的标杆的重要途径。修改后的《监察法》在原有内部监督制度的基础上，在第六十四条增加规定禁闭制度，旨在丰富内部监督的措施手段，坚决防治“灯下黑”。禁闭措施适用于涉嫌严重职务违法或者职务犯罪的监察人员，这既体现了禁闭的内部监督功能，也符合监察机关法定管辖职责。同时，采取禁闭措施的目的是防止造成更为严重的后果或者恶劣影响，具有积极的预防功能。监察执法工作具有自身特点，监察人员涉嫌在监察执法工作中实施严重职务违法或者职务犯罪行为，如不及时采取相关措施，可能造成泄露监察工作秘密，为被调查人或者涉案人员通风报信，威胁、恐吓、报复举报人、证人等严重后果或者恶劣影响，干扰监察执法工作正常进行，损害监察机关的权威性和公信力。监察机关在掌握监察人员有关问题线索的情况下，依法对其采取禁闭措施，能够有效预防和制止严重后果或者恶劣影响发生，维护监察工作秩序，保障相关人员的合法权益。

禁闭与其他监察强制措施有机衔接协调。修改后的《监察法》设立禁闭制度，立足点在于加强对监察人员的监督，本质上是对涉嫌严重职务违法犯罪监察人员实施监督的特有措施，并不是将禁闭作为替代管护、留置等其他监察强制措施的手段。《监察法》对禁闭与有关监察强制措施的衔接作出明确规定，厘清相互之间的关系。禁闭期间，监察机关经调查发现被禁闭人员符合《监察法》第二十四条规定的留置或者第二十五条规定的管护条件，可依法对其采取留置或者管护措施，禁闭措施即自动解除。

依法保障被禁闭人员合法权益。修改后的《监察法》新增“尊重和保障人权”作为监察工作原则之一，充分彰显了监察工作依法保障当事人权利的鲜明立场。修改后的《监察法》中关于禁闭措施的规定，落实总则中的人权保障原则，对被禁闭人员的权利保障作出细化，明确《监察法》第五十条的规定，适用于禁闭措施。首先，监察机关要依法保障被禁闭人员所在单位和家属的知情权。采取禁闭措施后，除有碍调查的情形外，应当在二十四小时以内通知被禁闭人员所在单位和家属；解除禁闭的，应当及时通知被禁闭人员所在单位和家属。其次，赋予被禁闭人员及其近亲属申请变更强制措施的权利，完善禁闭措施救济途径。被禁闭人员本人或近亲属认为被禁闭人员符合采取责令候查措施条件，可以向监察机关申请将禁闭变更为责令候查措施。监察机关应当在规定期限内作出决定，不同意变更的，应当告知申请人并说明理由。再次，加强对被禁闭人员人身权利的保障。监察机关要依法保障被禁闭人员的饮食、休息和安全，并提供医疗服务，在禁闭期间对被禁闭人员谈话、讯问的，应合理安排时间和时长。此外，《监察法》还规定，案件移送司法机关后，被禁闭人员被判处管制、拘役和有期徒刑的，禁闭时间可依法折抵刑期，以进一步落实保障人权的工作要求。

（薛宁馨）

第二部分

相关问题解答

001

如何认识修改《监察法》的必要性和重要意义？

十三届全国人大一次会议于 2018 年 3 月 20 日审议通过的《监察法》，是深化国家监察体制改革的重大制度成果。《监察法》的实施，对加强党对反腐败工作的集中统一领导，构建集中统一、权威高效的中国特色国家监察体制，实现对公职人员的监察全覆盖发挥了重要作用。与此同时，以习近平同志为核心的党中央从推进党的自我革命、健全党和国家监督体系的高度，对持续深化国家监察体制改革作出重要部署，反腐败斗争面临新的形势和任务，全面建设社会主义现代化国家对纪检监察工作高质量发展提出新的要求，迫切需要与时俱进地对《监察法》作出修改完善。

一是深入贯彻党的二十大和二十届三中全会决策部署的必然要求。党的二十大和二十届三中全会对推进反腐败国家立法作出明确部署。《监察法》作为对国家监察工作起统领性和基础性作用的反腐败国家立法，是党和国家监督制度的重要组成部分。贯彻党的二十大和二十届三中全会精神，及时修改《监察法》，坚持和强化党对监察工作的领导，坚持和完善党中央集中统一领导下的反腐败工作体制机制，完善监察机关派驻制度，深化反腐败国际合作，增强监察全覆盖的有效性，有利于健全党和国家监督体系，增强治理腐败效能，提升党的自我净化、自我完善、自我革新、自我提高能力，更好实现新时代新征程党的使命任务。

二是巩固拓展国家监察体制改革成果的重要举措。习近平总书记强调，“要实现立法和改革决策相衔接，做到重大改革于法有据、立法主动适应改革发展需要”。《监察法》实施以来，在党中央坚强领导下，国家监察体制改革持续深化，改革举措不断出台，改革成效不断显现。修改《监察法》，及时把在党中央领导下持续深化国家监察体制改革积累的宝贵经验制度化，将实践成果上升为法律规定，能够为持续深化国家监察体制改革提供长久法治动力，有利于形成立法保障改革、改革推动制度创新的良性循环。

三是解决新形势下监察工作中突出问题的现实需要。当前，反腐败斗争取得压倒性胜利并全面巩固，但形势依然严峻复杂，铲除腐败滋生土壤和条件的任务依然艰巨。修改《监察法》，根据反腐败斗争的新形势新任务，进一步授予监察权限，优化留置时间，完善反腐败的手段措施，打通理顺制度堵点难点，有利于依法解决实践中反映出来的突出问题，进一步提高监督执法工作的精准性、实效性，彰显高压惩治腐败的鲜明态度，为以零容忍态度反腐惩恶，坚决打赢反腐败斗争攻坚战持久战，一体推进不敢腐、不能腐、不想腐提供法制保障。

四是加强监察工作规范化、法治化、正规化的有力保证。习近平总书记多次强调，纪检监察机关要增强法治意识、程序意识、证据意识，不断提高纪检监察工作规范化、法治化、正规化水平。《监察法》集组织法、程序法、实体法于一体，对保障各级监察机关正确行使职权，以法治思维和法治方式反对腐败发挥了积极作用。随着监察实践的不断丰富发展，修改《监察法》，进一步完善监察程序、严格批准权限，健全监察机关内控机制，严格对监察人员违法行为的责任追究，有利于指导各级监察机关加强规范化、专业化建设，健全自身权力运行机制和管理监督体系，确保监察执法权受监督、有约束，推进新时代监察工作高质量发展。

002

修改《监察法》主要遵循哪些原则？

《监察法》修改工作坚持以习近平新时代中国特色社会主义思想为指导，全面贯彻习近平法治思想和习近平总书记关于党的自我革命的重要思想，深刻领悟“两个确立”的决定性意义，增强“四个意识”、坚定“四个自信”、做到“两个维护”，主要把握以下原则：一是坚持正确政治方向。坚决贯彻落实党中央决策部署，使党的主张通过法定程序转化为国家意志，自觉在党中央的领导下开展修法工作。二是坚持问题导向。聚焦实践反映的突出问题，有针对性地完善相关制度，为解决实践问题提供法律依据。三是坚持系统观念。与近年来新制定或者修改的纪检党内法规和监察法律法规相衔接，保证制度之间协调联动。四是坚持科学修法。保持《监察法》总体稳定，根据党中央部署和形势发展要求作必要修改，保持基本监察制度顶层设计的连续性。

003

修改后的《监察法》对监察工作原则作了哪些调整？

修改前的《监察法》第五条规定："国家监察工作严格遵照宪法和法律，以事实为根据，以法律为准绳；在适用法律上一律平等，保障当事人的合法权益；权责对等，严格监督；惩戒与教育相结合，宽严相济。"修改后的《监察法》第五条调整为："国家监察工作严格遵照宪法和法律，以事实为根据，以法律为准绳；权责对等，严格监督；遵守法定程序，公正履行职责；尊重和保障人权，在适用法律上一律平等，保障监察对象及相关人员的合法权益；惩戒与教育相结合，宽严相济。"

004

《监察法》修改的主要内容有哪些?

此次修改《监察法》，归纳起来，主要包括以下五个方面的内容：

（一）完善有关监察派驻的规定。规定国家监委派驻本级实行垂直管理或者双重领导并以上级单位领导为主的单位、国有企业的监察机构、监察专员，可以向驻在单位的下一级单位再派出；国家监委派驻监察机构、监察专员，可以向驻在单位管理领导班子的普通高等学校再派出；国家监委派驻国务院国有资产监督管理机构的监察机构，可以向驻在单位管理领导班子的国有企业再派出。

（二）授予监察机关必要的监察措施。根据反腐败工作需要和监察工作特点，构建轻重结合、配套衔接的监察强制措施体系。一是增加强制到案措施。规定监察机关根据案件情况，可以强制涉嫌严重职务违法或者职务犯罪的被调查人到案接受调查。解决监察实践中存在的部分被调查人经通知不到案的问题，增强监察执法权威性。二是增加责令候查措施。解决未被采取留置措施的被调查人缺乏相应监督管理措施的问题，同时减少留置措施适用，彰显监察工作尊重和保障人权、维护监察对象和相关人员合法权益的基本原则。三是增加管护措施。规定监察机关对自动投案或者交代有关问题的涉嫌严重职务违法或者职务犯罪人员，在紧急情况下可以进行管护，以保障办案安全。

（三）完善监察程序。一是在现行留置时间规定的基础上，增加规定经国家监委批准或决定，对可能判处十年有期徒刑以上刑罚的案件可以再延长二个月留置时间，省级以上监察机关发现另有重要罪行可以重新计算一次留置时间。以适应监察办案实际，解决重大复杂案件留置时间紧张的问题。二是明确公安机关负责省级以下监察机关留置场所的看护勤务，对留置看护队伍的管理作出原则规定。将实践做法上升为法律规定，为公安机关开展留置场所的看护勤务工作提供明确、充分的法律依据。三是配套完善新增三项监察强制措施的时限、审批程序和工作要求，确保相关措施严格规范行使，并赋予有关人员申请变更监察强制措施的权利。四是规定审理程序和审理工作要求，突出审理对调查的审核把关和监督制约作用。

（四）充实反腐败国际合作相关规定。与国际刑事司法协助法等法律相衔接，充实完善国家监委反腐败国际合作职责，进一步丰富追逃追赃法律手段。

（五）强化监察机关自身建设。一是增加特约监察员监督相关内容。二是增加规定监察人员涉嫌严重职务违法或者职务犯罪，为防止造成更为严重的后果或者恶劣影响，监察机关可以对其采取禁闭措施。三是结合新增监察强制措施、保护企业产权和自主经营权的要求，相应完善对监察机关及其工作人员违法办案的申诉制度和责任追究规定。

005

如何切实尊重和保障人权？

修改后的《监察法》将“尊重和保障人权”写入监察工作原则，并针对新增监察强制措施适用过程中的公民权利保障作了系统性规定。一是完善相关权益保障条款。明确监察机关应当保障被强制到案人员、被管护人员以及被留置人员的饮食、休息和安全，提供医疗服务。同时，对被管护人员、被留置人员涉嫌犯罪移送司法机关后刑期折抵问题作出专门规定。二是建立申请变更机制。赋予被管护人员、被留置人员及其近亲属申请变更管护、留置措施的权利，并明确了监察机关的答复要求，以保障申请人权利得到落实。三是完善申诉制度和责任追究制度。明确采取新增监察强制措施法定期限届满，不予以解除或者变更的，被调查人等有权向监察机关申诉。同时，配套规定监察机关及其工作人员违规采取新增监察强制措施或者法定期限届满不予以解除或者变更的，对有关责任人员依法给予处理。监察机关在采取新增监察强制措施时，要严格落实相关制度，恪守维护公民权利的法治防线。

006

《监察法》等法律对监察委员会的产生和其组成人员的任期是如何规定的?

依照宪法第六十三条第四项、第六十七条第十一项，《监察法》第八条第二款、第九条第二款，《中华人民共和国地方各级人民代表大会和地方各级人民政府组织法》第十一条第六项、第五十条第一款第十五项和《中华人民共和国监察官法》第十九条等规定，国家监察委员会主任由全国人民代表大会选举和罢免，副主任、委员由国家监察委员会主任提请全国人民代表大会常务委员会任免；地方各级监察委员会主任由本级人民代表大会选举和罢免，副主任、委员由监察委员会主任提请本级人民代表大会常务委员会任免；新疆生产建设兵团各级监察委员会主任、副主任、委员，由新疆维吾尔自治区监察委员会主任提请自治区人民代表大会常务委员会任免；在省、自治区内按地区设立的地区监察委员会、盟监察委员会主任、副主任、委员，可以参照《中华人民共和国人民法院组织法》第四十三条第二款、《中华人民共和国法官法》（全书以下简称《法官法》）第十八条第五款、《中华人民共和国人民检察院组织法》第三十八条第三款和《中华人民共和国检察官法》（全书以下简称《检察官法》）第十八条第五款等规定，由省、自治区监察委员会主任提请本级人民代表大会常务委员会任免。

007

上下级监察机关之间的关系是怎样的？

依照宪法第一百二十五条和《监察法》第七条第一款、第十条等规定，国家监察委员会领导地方各级监察委员会的工作，是最高监察机关；上级监察委员会领导下级监察委员会的工作。实践中，需要注意以下三个方面。

一是国家监察委员会在党中央领导下开展工作。国家监委作为最高监察机关，与中央纪律检查委员会合署办公，在党中央领导下开展工作。《中国共产党纪律检查委员会工作条例》第五条第一款也明确规定："党的中央纪律检查委员会（国家监察委员会）在党中央领导下进行工作，履行党的最高纪律检查机关（国家最高监察机关）职责。"

二是地方各级监察委员会在同级党委和上级监察委员会双重领导下工作。

三是监督执法调查工作以上级监察委员会领导为主，

线索处置和案件查办在向同级党委报告的同时应当一并向上一级监察委员会报告。《中国共产党纪律检查机关监督执纪工作规则》第三条第二项规定，“坚持纪律检查工作双重领导体制，监督执纪工作以上级纪委领导为主，线索处置、立案审查等在向同级党委报告的同时应当向上级纪委报告”。纪委监委合署办公体制，决定了监委同样应当遵循这一要求。

008

监察机关的职责是什么？

《监察法》第十一条规定："监察委员会依照本法和有关法律规定履行监督、调查、处置职责：（一）对公职人员开展廉政教育，对其依法履职、秉公用权、廉洁从政从业以及道德操守情况进行监督检查；（二）对涉嫌贪污贿赂、滥用职权、玩忽职守、权力寻租、利益输送、徇私舞弊以及浪费国家资财等职务违法和职务犯罪进行调查；（三）对违法的公职人员依法作出政务处分决定；对履行职责不力、失职失责的领导人员进行问责；对涉嫌职务犯罪的，将调查结果移送人民检察院依法审查、提起公诉；向监察对象所在单位提出监察建议。"据此，监察机关的职责为监督、调查、处置三项职责。

009

如何准确理解和把握监察机关负责调查的职务违法行为?

依照《监察法》第十一条第二项规定，职务违法行为类型主要包括涉嫌贪污贿赂、滥用职权、玩忽职守、权力寻租、利益输送、徇私舞弊以及浪费国家资财等方面的职务违法。《中华人民共和国监察法实施条例》进一步明确，监察机关负责调查的职务违法是指公职人员实施的与其职务相关联，虽不构成犯罪但依法应当承担法律责任的下列违法行为：一是利用职权实施的违法行为，既包括利用本人职务上主管、负责、承办某项公共事务的职权，也包括利用职务上有隶属、制约关系的其他公职人员的职权，如受贿违法等。二是利用职务上的影响实施的违法行为，具体是指行为人与被其利用的公职人员之间在职务上虽然没有隶属、制约关系，但是行为人利用了本人职权或地位产生的影响和一定的工作联系。这种便利条件既包括现职公职人员利用本人现职权或者地位形成的便利条件，也包括离职公职人员利用本人原职权或者地位形成的便利条件。比如，斡旋受贿违法，通过请托其他公职人员的方式干预市场经济活动等。三是履行职责不力、失职失责的违法行为，如滥用职权违法、玩忽职守违法等。四是其他违反与公职人员职务相关的特定义务的违法行为，这些特定义务与公职人员职务相对应。比如，按规定请示、报告重大事项，办理因私出境证件需经上级审批等，即属于公职人员的特定义务。上述义务同样与公权力行使密切相关，属于法律规定的公职人员履职要求，违反上述特定义务属于职务违法。理解职务违法，要着重把握以下三点：

一是职务违法具有“职务相关性”，是与公职人员职务相关联的行为，这决定了职务违法的内涵。对职务相关性的理解，应当准确把握《监察法》中“行使公权力”“制约和监督权力”“履职”“用权”等关键词。如行为行使公权力无关，就不能认定为职务违法。

二是职务违法具有“违法性”，是违反职务、职责和义务的法律法规规定的行为，这决定了职务违法的外延。违法性和职务相关性一样，都是判断职务的关键。如果公职人员行使公权力的行为未违反职务、职责和义务的法律法规规定，就不应认定为职务违法。《监察法》第十一条规定，监察机关依法对涉嫌贪污贿赂等职务违法和职务犯罪进行调查。此规定列举了职务违法的主要类型，但未明确职务违法的范围和边界，这需要结合相关法律规定来确定。我们认为，职务违法的“法”，应当是规定公职人员职务职责和义务的法律法规。而就“法”的范围而言，应当与《中华人民共和国立法法》所规定的“法”的范畴相一致。因此，可将其基本范围划分为四个层次：其一是违反《监察法》规定。其二是违反《中华人民共和国公职人员政务处分法》等专门对职务违法行为作出规定的法律法规规章等。需要注意的是，《中华人民共和国公职人员政务处分法》中可以给予政务处分的情形，并不局限于职务违法行为。比如，公职人员赌博等违反《中华人民共和国治安管理处罚法》规定的行为，依据《中华人民共和国公职人员政务处分法》规定可以给予违法的公职人员政务处分，但该行为并非职务违法行为。其三是违反其他规范公职人员履职行为的法律法规。即《中华人民共和国公务员法》《中华人民共和国人民警察法》《法官法》《检察官法》《中华人民共和国企业国有资产法》《事业单位人事管理条例》等规定不同类型公职人员履职要求的“身份法”，以及各类“行业管理法”。相比于前两个层次的法律法规，这些法律法规对于具体某类职务违法的行为表现有更为细化的规定。其四是违反国家监委依据《全国人民代表大会常务委员会关于国家监察委员会制定监察法规的决定》制定的监察法规。

三是职务违法是具有“应受处罚性”且不构成犯罪的行为，这就是区分职务违法和职务犯罪的关键。公职人员违法行使公权力构成职务违法的，应当承担相应的法律责任，依法给予处罚。但如果已违反刑法规定构成犯罪的，就需要作为职务犯罪处理。

010

如何准确理解和把握监察机关负责调查的职务犯罪行为？

《监察法》第十一条第二项规定，监察机关“对涉嫌贪污贿赂、滥用职权、玩忽职守、权力寻租、利益输送、徇私舞弊以及浪费国家资财等职务违法和职务犯罪进行调查”。结合《中华人民共和国监察法实施条例》相关规定，这里的职务犯罪主要是指下列罪名。

一是贪污贿赂犯罪，包括贪污罪，挪用公款罪，受贿罪，单位受贿罪，利用影响力受贿罪，行贿罪，对有影响力的人行贿罪，对单位行贿罪，介绍贿赂罪，单位行贿罪，巨额财产来源不明罪，隐瞒境外存款罪，私分国有资产罪，私分罚没财物罪，以及公职人员在行使公权力过程中实施的职务侵占罪，挪用资金罪，对外国公职人员、国际公共组织官员行贿罪，非国家工作人员受贿罪和相关联的对非国家工作人员行贿罪。

二是滥用职权犯罪，包括滥用职权罪，国有公司、企业、事业单位人员滥用职权罪，滥用管理公司、证券职权罪，食品、药品监管渎职罪，故意泄露国家秘密罪，报复陷害罪，阻碍解救被拐卖、绑架妇女、儿童罪，帮助犯罪分子逃避处罚罪，违法发放林木采伐许可证罪，办理偷越国（边）境人员出入境证件罪，放行偷越国（边）境人员罪，挪用特定款物罪，非法剥夺公民宗教信仰自由罪，侵犯少数民族风俗习惯罪，打击报复会计、统计人员罪，以及司法工作人员以外的公职人员利用职权实施的非法拘禁罪、虐待被监管人罪、非法搜查罪。

三是玩忽职守犯罪，包括玩忽职守罪，国有公司、企业、事业单位人员失职罪，签订、履行合同失职被骗罪，国家机关工作人员签订、履行合同失职被骗罪，环境监管失职罪，传染病防治失职罪，商检失职罪，动植物检疫失职罪，不解救被拐卖、绑架妇女、儿童罪，失职造成珍贵文物损毁、流失罪，过失泄露国家秘密罪。

四是徇私舞弊犯罪，包括徇私舞弊低价折股、出售公司、企业资产罪，非法批准征收、征用、占用土地罪，非法低价出让国有土地使用权罪，非法经营同类营业罪，为亲友非法牟利罪，枉法仲裁罪，徇私舞弊发售发票、抵扣税款、出口退税罪，商检徇私舞弊罪，动植物检疫徇私舞弊罪，放纵走私罪，放纵制售伪劣商品犯罪行为罪，招收公务员、学生徇私舞弊罪，徇私舞弊不移交刑事案件罪，违法提供出口退税凭证罪，徇私舞弊不征、少征税款罪。

五是公职人员在行使公权力过程中涉及的重大责任事故犯罪，包括重大责任事故罪，教育设施重大安全事故罪，消防责任事故罪，重大劳动安全事故罪，强令、组织他人违章冒险作业罪，危险作业罪，不报、谎报安全事故罪，铁路运营安全事故罪，重大飞行事故罪，大型群众性活动重大安全事故罪，危险物品肇事罪，工程重大安全事故罪。

六是公职人员在行使公权力过程中涉及的其他犯罪，包括破坏选举罪，背信损害上市公司利益罪，金融工作人员购买假币、以假币换取货币罪，利用未公开信息交易罪，诱骗投资者买卖证券、期货合约罪，背信运用受托财产罪，违法运用资金罪，违法发放贷款罪，吸收客户资金不入账罪，违规出具金融票证罪，对违法票据承兑、付款、保证罪，非法转让、倒卖土地使用权罪，私自开拆、隐匿、毁弃邮件、电报罪，故意延误投递邮件罪，泄露不应公开的案件信息罪，披露、报道不应公开的案件信息罪，接送不合格兵员罪。

七是司法工作人员利用职权实施的涉嫌非法拘禁、刑讯逼供、非法搜查等侵犯公民权利、损害司法公正的犯罪，包括非法拘禁罪，非法搜查罪，刑讯逼供罪，暴力取证罪，虐待被监管人罪，滥用职权罪，玩忽职守罪，徇私枉法罪，民事、行政枉法裁判罪，执行判决、裁定失职罪，执行判决、裁定滥用职权罪，私放在押人员罪，失职致使在押人员脱逃罪，徇私舞弊减刑、假释、暂予监外执行罪。

011

修改后的《监察法》为什么增设了监察再派出制度?

习近平总书记强调，要强化对权力监督的全覆盖、有效性，确保权力不被滥用。国家监察是对公权力最直接最有效的监督。修改前的《监察法》规定了监察派驻、派出制度，各级监委依法向本级党的机关、国家机关、国有企事业单位等派驻、派出监察机构、监察专员，有力推进了监察全覆盖。但是，对于垂管系统而言，国家监委只能向其中央一级单位派驻监察机构。实践中，垂管系统公职人员队伍规模大，单位层级多，国家监委派驻机构的监察监督难以有效覆盖全系统。2024 年修改《监察法》新增监察再派出制度，规定经国家监委批准，国家监委派驻垂管系统中央一级单位的监察机构可以向其驻在单位的下一级单位再派出，有利于实现监察权向下延伸，破解垂管系统监察监督的瓶颈问题，增强监察监督全覆盖的有效性。

同时，中管企业虽不属于机构编制意义上的垂管单位，但在监察权运用的全覆盖方面存在与垂管单位相同的问题。对于教育部等中央单位所属的高校和国资委下属的委管企业，因不属于国家监委的“本级”，也无法被授予监察权。相关企业、高校的监察对象人数多、地域分散，国家监委驻中管企业、国务院国资委、教育部等中央一级单位的派驻机构也难以实现有效监督。因此，修改后的《监察法》，将这些领域与垂管系统一并考虑，纳入监察再派出的范畴。

012

如何准确把握再派出制度的适用范围？

《监察法》第十二条分两款规定了监察再派出制度的适用范围，其中既明确了适用层级，也明确了适用单位的范围。从适用层级看，监察再派出制度仅适用于国家监委派驻监察机构、监察专员，向驻在单位的下一级单位或者驻在单位管理领导班子的普通高等学校、国有企业再派出，并非逐级向下再派出。省、市、县级监委派驻监察机构、监察专员不适用该制度。从适用单位范围看，监察再派出制度可以适用于四类单位：一是中央垂直管理或者双重领导并以中央单位领导为主单位的下一级单位；二是中管企业的下一级国有企业；三是国务院国资委管理领导班子的国有企业；四是教育部等中央单位管理领导班子的普通高等学校。其他类型的单位不适用该制度。

013

如何稳妥推进再派出制度贯彻落实？

《监察法》除规定监察再派出制度适用范围外，还就监察再派出批准权限作出了规定，主要包括两方面的内容。一是监察再派出须经国家监委批准。监察再派出作为对监察派驻、派出制度的改革创新，涉及领导体制、工作职责、监察权限以及工作程序等多方面内容，需由国家监委统筹把握，相关派驻监察机构、监察专员应当就相关事项履行报批程序。二是监察再派出制度适用范围内的派驻监察机构、监察专员，“可以”再派出而非必须再派出、一律再派出。实践中，中央垂直管理或者双重领导并以中央单位领导为主单位、国有企业等单位监督执法工作基础、人员力量以及公职人员数量不尽相同，是否实行再派出改革，需要综合考虑相关单位的实际情况统筹把握，确保稳妥、有序推动再派出制度落实。

014

派驻或者派出监察机构、监察专员的职责是什么？

《监察法》第十三条规定："派驻或者派出的监察机构、监察专员根据授权，按照管理权限依法对公职人员进行监督，提出监察建议，依法对公职人员进行调查、处置。"《中华人民共和国监察法实施条例》第十三条细化规定为："派驻或者派出的监察机构、监察专员根据派出机关授权，按照管理权限依法对派驻或者派出监督单位、区域等的公职人员开展监督，对职务违法和职务犯罪进行调查、处置。监察机构、监察专员可以按规定与地方监察委员会联合调查严重职务违法、职务犯罪，或者移交地方监察委员会调查。未被授予职务犯罪调查权的监察机构、监察专员发现监察对象涉嫌职务犯罪线索的，应当及时向派出机关报告，由派出机关调查或者依法移交有关地方监察委员会调查。"据此，监察机关派驻或者派出监察机构、监察专员的职责与《监察法》第十一条规定一致，区别在于监督对象范围、是否具有职务犯罪调查权与监察委员会不同。其中，国家监察委员会派驻或者派出监察机构、监察专员一般均具有职务犯罪调查权，其他派驻或者派出监察机构、监察专员是否具有职务犯罪调查权则需根据国家监察委员会的规定和派出它的监察委员会或者监察机构、监察专员的授权确定。

015

如何准确理解和把握国家实行监察官制度的规定?

《监察法》第十四条规定:“国家实行监察官制度,依法确定监察官的等级设置、任免、考评和晋升等制度。”为了加强对监察官的管理和监督,保障监察官依法履行职责,维护监察官合法权益,推进高素质专业化监察官队伍建设,推进监察工作规范化、法治化,《中华人民共和国监察官法》对此作出全面规定。

关于监察官的范围。监察官的范围包括各级监察委员会的主任、副主任、委员;各级监察委员会机关中的监察人员;各级监察委员会派驻或者派出到中国共产党机关、国家机关、法律法规授权或者委托管理公共事务的组织和单位以及所管辖的行政区域等的监察机构中的监察人员、监察专员;其他依法行使监察权的监察机构中的监察人员。需要指出的是,各级监察委员会派驻到国有企业的监察机构工作人员、监察专员,以及国有企业中其他依法行使监察权的监察机构工作人员不属于监察官，但对其监督管理参照执行《中华人民共和国监察官法》有关规定。也就是说，监察官在身份上包括公务员和参照公务员法管理的人员以及事业单位工作人员，这与法官、检察官、警官均系公务员有所不同。

关于监察官的等级设置。监察官等级分为十三级，依次为总监察官、一级副总监察官、二级副总监察官，一级高级监察官、二级高级监察官、三级高级监察官、四级高级监察官，一级监察官、二级监察官、三级监察官、四级监察官、五级监察官、六级监察官。监察官实行国家规定的工资制度，享受监察官等级津贴和其他津贴、补贴、奖金、保险、福利待遇。监察官的工资及等级津贴制度，由国家另行规定。

关于监察官的任免。国家监察委员会主任由全国人民代表大会选举和罢免，副主任、委员由国家监察委员会主任提请全国人民代表大会常务委员会任免。地方各级监察委员会主任由本级人民代表大会选举和罢免，副主任、委员由监察委员会主任提请本级人民代表大会常务委员会任免。新疆生产建设兵团各级监察委员会主任、副主任、委员，由新疆维吾尔自治区监察委员会主任提请自治区人民代表大会常务委员会任免。其他监察官的任免，按照管理权限和规定的程序办理。监察官不得兼任人民代表大会常务委员会的组成人员，不得兼任行政机关、审判机关、检察机关的职务，不得兼任企业或者其他营利性组织、事业单位的职务，不得兼任人民陪审员、人民监督员、执业律师、仲裁员和公证员。监察官因工作需要兼职的，应当按照管理权限批准，但是不得领取兼职报酬。

016

监察对象的范围是什么？

《监察法》第三条、第十五条明确规定监察机关对所有行使公权力的公职人员进行监察。这里的“公权力”，是国家权力或公共权力的总称，是法律法规规定的特定主体基于维护公共利益的目的对公共事务管理行使的强制性支配力量，包括国家机关等国有单位行使的公共事务管理职能、基层群众性自治组织行使的集体事务管理职能以及根据法律、法规授权或者受国家机关依法委托行使的公共事务管理职能等。《监察法》第十五条则采用列举方式对监察对象进行了明确，具体包括六大类：一是中国共产党机关、人民代表大会及其常务委员会机关、人民政府、监察委员会、人民法院、人民检察院、中国人民政治协商会议各级委员会机关、民主党派机关和工商业联合会机关的公务员，以及参照《中华人民共和国公务员法》管理的人员；二是法律、法规授权或者受国家机关依法委托管理公共事务的组织中从事公务的人员；

三是国有企业管理人员；四是公办的教育、科研、文化、医疗卫生、体育等单位中从事管理的人员；五是基层群众性自治组织中从事管理的人员；六是其他依法履行公职的人员。从以上六类监察对象来看，判断一个人是否属于监察对象，关键看其是不是行使公权力、履行公务，而不是看其是否有公职。

017

什么是监察机关对监察事项的提级管辖？

《监察法》第十六条第二款规定："上级监察机关可以办理下一级监察机关管辖范围内的监察事项，必要时也可以办理所辖各级监察机关管辖范围内的监察事项。"《中华人民共和国监察法实施条例》第四十七条第一款、第二款分别规定："上级监察机关对于下一级监察机关管辖范围内的职务违法和职务犯罪案件，具有下列情形之一的，可以依法提级管辖：（一）在本辖区有重大影响的；（二）涉及多个下级监察机关管辖的监察对象，调查难度大的；（三）其他需要提级管辖的重大、复杂案件。上级监察机关对于所辖各级监察机关管辖范围内有重大影响的案件，必要时可以依法直接调查或者组织、指挥、参与调查。"上述提级管辖的规定，增强了监察工作的机动性、实效性，做到分级负责的原则性与提级办理的灵活性相结合，便于上级监察机关处理一些难度较大的监察事项。

018

什么是监察机关对监察事项的指定管辖？

《监察法》第十七条第一款规定："上级监察机关可以将其所管辖的监察事项指定下级监察机关管辖，也可以将下级监察机关有管辖权的监察事项指定给其他监察机关管辖。"《中华人民共和国监察法实施条例》第四十八条第三款规定："上级监察机关对于下级监察机关管辖的职务违法和职务犯罪案件，具有下列情形之一，认为由其他下级监察机关管辖更为适宜的，可以依法指定给其他下级监察机关管辖：（一）管辖有争议的；（二）指定管辖有利于案件公正处理的；（三）下级监察机关报请指定管辖的；（四）其他有必要指定管辖的。"上述指定管辖的规定，对监察事项的一般管辖原则作出了补充。

监察机关"指定管辖"，是指下级监察机关按照分级负责制原则没有管辖权的监察事项，因上级监察机关的指定而随之具有了对该监察事项的管辖权。一方面，对于原本属于自己所管辖的监察事项，上级监察机关可以将其指定给所辖的下级监察机关管辖，但设区的市级监察委员会将同级党委管理的公职人员涉嫌职务违法或者职务犯罪案件指定下级监察委员会管辖的，应当报省级监察委员会批准；省级监察委员会将同级党委管理的公职人员涉嫌职务违法或者职务犯罪案件指定下级监察委员会管辖的，应当报国家监察委员会相关监督检查部门备案。规定此类指定管辖，体现了上级监察机关对下级监察机关的领导，同时也能够增强工作灵活性。进行指定管辖的主要原因是根据工作需要，在指定时上级监察机关要予以通盘考虑。比如，上级监察机关的工作任务比较饱满，而下级监察机关的人员和能力又足以承担移交给其办理的监察事项，为尽快保质保量完成工作任务，上级监察机关可以将其所管辖的监察事项指定下级监察机关管辖。另一方面，上级监察机关可以将下级监察机关有管辖权的监察事项指定给自己所辖的其他监察机关管辖。需要指出的是，上级监察机关进行指定管辖，要根据办理监察事项的实际需要和下级监察机关的办理能力等因素确定，不能把自己管辖的监察事项一概指定下级监察机关管辖；也不能不顾实际情况进行指定，造成下级监察机关工作上的混乱，影响监察实效。

019

什么是监察机关对监察事项的报请提级管辖？

《监察法》第十七条第二款规定："监察机关认为所管辖的监察事项重大、复杂，需要由上级监察机关管辖的，可以报请上级监察机关管辖。"《中华人民共和国监察法实施条例》第四十七条规定："上级监察机关对于下一级监察机关管辖范围内的职务违法和职务犯罪案件，具有下列情形之一的，可以依法提级管辖：（一）在本辖区有重大影响的；（二）涉及多个下级监察机关管辖的监察对象，调查难度大的；（三）其他需要提级管辖的重大、复杂案件。上级监察机关对于所辖各级监察机关管辖范围内有重大影响的案件，必要时可以依法直接调查或者组织、指挥、参与调查。地方各级监察机关所管辖的职务违法和职务犯罪案件，具有第一款规定情形的，可以依法报请上一级监察机关管辖。"

监察机关"报请提级管辖"，是指下级监察机关因法定事由将原本属于自己管辖的监察事项报请上级监察机关管辖。监察机关一般应当按照分级负责制原则，尽全力办理好自己管辖范围内的监察事项。但是，当监察机关考虑到所在地方的实际情况，以及本机关的地位、能力，认为所管辖的监察事项实属重大、复杂，而尽自己力量不能或者不适宜管辖的，可以报请上级监察机关管辖。

020

监察机关收集证据的一般原则是什么？

《监察法》第十八条规定："监察机关行使监督、调查职权，有权依法向有关单位和个人了解情况，收集、调取证据。有关单位和个人应当如实提供。监察机关及其工作人员对监督、调查过程中知悉的国家秘密、工作秘密、商业秘密、个人隐私和个人信息，应当保密。任何单位和个人不得伪造、隐匿或者毁灭证据。"上述监察机关收集证据一般原则的规定，确保了监察机关能够依法行使监督、调查职权，有力有效对所有行使公权力的公职人员进行监察，调查职务违法和职务犯罪，开展廉政建设和反腐败工作，维护宪法和法律的尊严。监察机关收集证据一般原则包括以下三个方面。

一是监察机关行使监督、调查职权，有权依法向有关单位和个人了解情况，收集、调取证据，有关单位和个人应当如实提供。监察机关依法向有关单位和个人了解情况，收集、调取证据，这是根据查明事实、惩治腐败、保障被调查人合法权益的需要，法律赋予监察机关的职权和履职保障措施。“有关单位和个人应当如实提供”，是指有关单位和个人在监察机关依法向其收集、调取证据时，有义务向监察机关客观、真实地提供证据，包括交出真实的物证、书证、视听资料、电子数据，提供真实的证言等。“如实提供”，是指既不能隐瞒证物，不提供证言，又不能伪造证物，编造假的证言，而要实事求是反映与监察事项相关的内容、情节、线索等。

二是监察机关及其工作人员对监督、调查过程中知悉的国家秘密、工作秘密、商业秘密、个人隐私和个人信息，应当保密。这是对监察机关及其工作人员的要求。“国家秘密”，是指关系国家安全和利益，依照法定程序确定，在一定时间内只限一定范围的人员知悉的事项。“工作秘密”，是指机关、单位在履行职能过程中产生或获取的，不属于国家秘密，但泄露后会妨碍机关、单位履行职能或者对国家安全、公共利益造成不利影响的内部敏感事项。“商业秘密”，是指不为公众所知悉，能为权利人带来经济利益，具有实用性并经权利人采取保密措施的技术信息和经营信息。“个人隐私”，是指个人生活中不愿公开或不愿为他人知悉的秘密。“个人信息”，是指以电子或者其他方式记录的与已识别或者可识别的自然人有关的各种信息，不包括匿名化处理后的信息。

国家秘密关系国家安全和利益，商业秘密关系权利人的经济利益，隐私权是个人的重要人身权利。《中华人民共和国保守国家秘密法》《中华人民共和国刑法》《中华人民共和国民法典》等法律对国家秘密、商业秘密、个人隐私和个人信息的保护作了规定。监察机关及其工作人员对监督、调查过程中知悉的涉及国家秘密、工作秘密、商业秘密、个人隐私和个人信息的证据，应当妥善保管，不得遗失、泄露，不得让不该知悉的人知悉。

三是任何单位和个人不得伪造、隐匿或者毁灭证据。伪造、隐匿或者毁灭证据，既会对监察机关的监督、调查工作造成严重影响，造成监察对象、被调查人逃脱本应承担的法律责任，或者造成冤假错案，涉嫌职务犯罪的案件又可能会对人民检察院的审查起诉、人民法院的审判等活动造成严重影响。“任何单位和个人”，是指监察机关及其工作人员，以及监察对象、被调查人、证人或者其他相关单位和个人。凡是有这种行为的，都必须追究其法律责任，构成包庇罪、伪证罪、滥用职权罪等犯罪的，依法追究其刑事责任；不构成犯罪的，由其所在单位、主管部门、上级机关或者监察机关责令改正，依法给予处理。

021

监察机关如何进行采取谈话方式处置问题线索?

《监察法》第十九条规定:“对可能发生职务违法的监察对象,监察机关按照管理权限,可以直接或者委托有关机关、人员进行谈话,或者进行函询,要求说明情况。”《中华人民共和国监察法实施条例》第七十一条规定:“对一般性问题线索的处置,可以采取谈话方式进行,对监察对象给予警示、批评、教育。谈话应当在工作地点等场所进行,明确告知谈话事项,注重谈清问题、取得教育效果。”第七十二条规定:“采取谈话方式处置问题线索的,经审批可以由监察人员或者委托被谈话人所在单位主要负责人等进行谈话。监察机关谈话应当形成谈话笔录或者记录。谈话结束后,可以根据需要要求被谈话人在十五个工作日以内作出书面说明。被谈话人应当在书面说明每页签名,修改的地方也应当签名。委托谈话的,受委托人应当在收到委托函后的十五个工作日以内进行谈话。谈话结束后及时形成谈话情况材料报送监察机关，必要时附被谈话人的书面说明。”监察机关开展监督谈话，是履行监督第一职责的重要抓手，有利于做实做细对监察对象的经常性监督，实践中需要注意以下三点。

一是要精准把握谈话情形。反映问题比较具体，需要向被反映人了解核实并谈话提醒、批评教育的；反映苗头性、倾向性问题较多，或者一段时间集中收到问题反映，需要向被反映人谈话了解并提醒的；反映问题难以查证且不能排除，即使问题属实也只能给予轻处分处理的，一般可以进行监督谈话。

二是要重视提高谈话质量。监察机关进行谈话前，要认真研判被反映人的履历、家庭情况、身心健康情况等，做好充分准备；根据工作需要可以通过查找公开信息、调阅有关材料、向实名举报人了解情况、监督调研等方式进行适当了解；按照规定报批后，也可以采取外围谈话、查询、调取措施验证问题的真实性。谈话过程中要深入细致做好思想政治工作，必要时可以委托被反映人所在单位主要负责人等进行谈话。

三是要做好谈话后续工作。监察机关进行谈话，应当形成谈话笔录或者记录。谈话结束后，可以根据需要要求被反映人在十五个工作日以内作出书面说明。被反映人应当在书面说明每页签名，修改的地方也应当签名。

委托谈话的，受委托人应当在收到委托函后的十五个工作日以内进行谈话。谈话结束后及时形成谈话情况材料报送监察机关，必要时附被反映人的书面说明。监察机关承办部门应当在谈话结束后一个月内写出情况报告，根据不同情形提出相应处理意见，按程序报批。其中，反映不实，或者没有证据证明存在问题的，予以采信了结，并告知被反映人；问题轻微，不需要给予党纪政务等处分的，采取谈话提醒、批评教育、责令检查、予以诫勉等方式处理；反映问题比较具体，但被反映人予以否认且否认理由不充分具体的，或者说明存在明显问题的，一般应当进行抽查核实；发现被反映人涉嫌违法犯罪，需要给予党纪政务等处分的，应当提出初步核实的建议；如已掌握的事实和证据具备立案条件的，可以直接提出立案建议；不能完全排除主要问题，但难以进一步开展工作的，予以暂存待查。

022

采取谈话方式处置问题线索与初步核实阶段、立案调查后谈话的区别是什么？

《监察法》第十九条规定：“对可能发生职务违法的监察对象，监察机关按照管理权限，可以直接或者委托有关机关、人员进行谈话，或者进行函询，要求说明情况。”第二十条第一款规定：“在调查过程中，对涉嫌职务违法的被调查人，监察机关可以进行谈话，要求其就涉嫌违法行为作出陈述，必要时向被调查人出具书面通知。”以上分别规定了监察机关采取谈话方式处置问题线索与监察机关初步核实阶段、立案调查后谈话的要求。二者的区别主要表现在以下三点：一是适用情形不同。监察机关采取谈话方式处置问题线索适用于线索处置阶段，经研判决定按照谈话方式处置的情形；而监察机关初步核实阶段、立案调查后谈话适用于经研判决定按照初步核实方式处置，或者立案调查后的情形。二是是否向被谈话人出具《谈话通知书》要求不同。监察机关采取谈话方式处置问题线索不要求向被谈话人出具《谈话通知书》；而监察机关初步核实阶段、立案调查后首次谈话则要求向被核查人或者被调查人出具《谈话通知书》，之后再谈话的无需向被核查人或者被调查人再出具《谈话通知书》，但被核查人或者被调查人已被限制人身自由的，则无论是首次谈话还是之后的谈话均不需要向其出具《谈话通知书》。三是是否形成谈话笔录要求不同。监察机关采取谈话方式处置问题线索，应当形成谈话笔录或者记录，却不要求一律形成谈话笔录；而监察机关初步核实阶段、立案调查后谈话则通常当场制作谈话笔录，如被核查人或者被调查人请求自行书写说明材料的，应当准许，必要时可以要求被核查人或者被调查人自行书写说明材料。

023

监察机关如何对监察对象进行函询？

《监察法》第十九条规定：“对可能发生职务违法的监察对象，监察机关按照管理权限，可以直接或者委托有关机关、人员进行谈话，或者进行函询，要求说明情况。”《中华人民共和国监察法实施条例》第一百七十四条规定：“监督检查部门应当结合问题线索所涉及地区、部门、单位总体情况进行综合分析，提出处置意见并制定处置方案，经审批按照谈话、函询、初步核实、暂存待查、予以了结等方式进行处置，或者按照职责移送调查部门处置。函询应当以监察机关办公厅（室）名义发函给被反映人，并抄送其所在单位和派驻监察机构主要负责人。被函询人应当在收到函件后十五个工作日以内写出说明材料，由其所在单位主要负责人签署意见后发函回复。被函询人为所在单位主要负责人的，或者被函询人所作说明涉及所在单位主要负责人的，应当直接发函回复监察机关。被函询人已经退休的，按照第二款规定程序办理。监察机关根据工作需要，经审批可以对谈话、函询情况进行核实。”监察机关对监察对象进行函询，是监察机关对问题线索的处置方式之一，实践中需要注意以下三点。

一是要精准把握函询适用情形。反映问题时间久远，或者需要被反映人提供相关资料方能说明问题的；反映问题涉及被反映人亲属、身边工作人员利用被反映人职权或者职务上的影响谋取私利，有必要通过函询引起被反映人重视的；被反映人因距离较远不适宜开展谈话或者短期内无法接受谈话，经研判反映问题适宜函询的，一般可以进行函询。

二是要重视提高函询质量。监察机关进行函询前，根据工作需要可以通过查找公开信息、调阅有关材料、向实名举报人了解情况、监督调研等方式进行适当了解；按照规定报批后，也可以采取外围谈话、查询、调取措施验证问题的真实性。监察机关不能为了消化问题线索或者担心谈话存在安全风险而进行函询，同时要慎用多次函询，防止因反复函询影响干部干事创业的积极性。

三是要做好函询后续工作。监察机关承办部门应当在收到函询回复后一个月内写出情况报告，根据不同情形提出相应处理意见，按程序报批。其中，反映不实，或者没有证据证明存在问题的，予以采信了结，并告知被反映人；问题轻微，不需要给予党纪政务等处分的，采取谈话提醒、批评教育、责令检查、予以诫勉等方式处理；反映问题比较具体，但被反映人予以否认且否认理由不充分不具体的，或者说明存在明显问题的，一般应当进行抽查核实；发现被反映人涉嫌违法犯罪，需要给予党纪政务等处分的，应当提出初步核实的建议，如已掌握的事实和证据具备立案条件的，可以直接提出立案建议；不能完全排除主要问题，但难以进一步开展工作的，予以暂存待查。

024

修改后的《监察法》对监察机关及其工作人员的保密要求做了哪些补充完善？

修改前的《监察法》第十八条第二款规定：“监察机关及其工作人员对监督、调查过程中知悉的国家秘密、商业秘密、个人隐私，应当保密。”修改后的《监察法》第十八条第二款调整为：“监察机关及其工作人员对监督、调查过程中知悉的国家秘密、工作秘密、商业秘密、个人隐私和个人信息，应当保密。”其中，增加了对工作秘密和个人信息的保密要求。“工作秘密”，是指机关、单位在履行职能过程中产生或者获取的，不属于国家秘密，但泄露后会妨碍机关、单位履行职能或者对国家安全、公共利益造成不利影响的内部敏感事项；“个人信息”，是指以电子或者其他方式记录的与已识别或者可识别的自然人有关的各种信息，不包括匿名化处理后的信息。

025

如何查询涉案财产？

《监察法》第二十六条第一款规定：“监察机关调查涉嫌贪污贿赂、失职渎职等严重职务违法或者职务犯罪，根据工作需要，可以依照规定查询、冻结涉案单位和个人的存款、汇款、债券、股票、基金份额等财产。有关单位和个人应当配合。”《中华人民共和国监察法实施条例》第一百零四条规定：“监察机关调查严重职务违法或者职务犯罪，根据工作需要，按规定报批后，可以依法查询、冻结涉案单位和个人的存款、汇款、债券、股票、基金份额等财产。”第一百零五条规定：“查询、冻结财产时，调查人员不得少于二人。调查人员应当出具《协助查询财产通知书》或者《协助冻结财产通知书》，送交银行或者其他金融机构、邮政部门等单位执行。有关单位和个人应当予以配合，并严格保密。查询财产应当在《协助查询财产通知书》中填写查询账号、查询内容等信息。没有具体账号的，应当填写足以确定账户或者权利人的自然人姓名、身份证件号码或者企业法人名称、统一社会信用代码等信息。冻结财产应当在《协助冻结财产通知书》中填写冻结账户名称、冻结账号、冻结数额、冻结期限起止时间等信息。冻结数额应当具体、明确，暂时无法确定具体数额的，应当在《协助冻结财产通知书》上明确写明'只收不付'。冻结证券和交易结算资金时，应当明确冻结的范围是否及于孳息。冻结财产，应当为被调查人及其所扶养的亲属保留必需的生活费用。”第一百零六条规定：“调查人员可以根据需要对查询结果进行打印、抄录、复制、拍照，要求相关单位在有关材料上加盖证明印章。对查询结果有疑问的，可以要求相关单位进行书面解释并加盖印章。”第一百零七条规定：“监察机关对查询信息应当加强管理，规范信息交接、调阅、使用程序和手续，防止滥用和泄露。调查人员不得查询与案件调查工作无关的信息。”根据以上规定，监察机关查询涉案财产需要注意以下三个方面。

一是关于查询范围。监察机关查询涉案财产的范围包括涉案单位和个人的存款、汇款、债券、股票、基金份额、保险产品、信托产品、理财产品、非上市公司股份、债权、期货等财产，主要是金融财产以及债权、非上市公司股份股权、合伙企业的合伙人认缴或者实际缴付的出资数额等。上述财产信息分别由金融机构、市场主体和市场监督管理机关等以电子或者置备股东名册等其他方式予以记录，监察机关可以持《协助查询财产通知书》到金融机构、市场主体和市场监督管理机关等进行查核。至于涉案单位和个人的不动产、机动车，以及支付宝、微信支付账户（财付通）等非银行支付机构持有的支付账户信息，则不属于《监察法》第二十六条第一款规定的监察机关查询涉案财产的范围，需要查核前述不动产、机动车，以及非银行支付机构持有的支付账户信息的，监察机关可以持《调取证据通知书》到不动产登记机构、机动车登记机构以及非银行支付机构进行调取。

二是关于当地现场查询。监察机关不少于二名调查人员持工作证件和《协助查询财产通知书》第三联（送达金融机构或者财产登记、监管机构等单位）、第四联（金融机构或者财产登记、监管机构等单位回执联，退回后附卷）到协助查询的单位现场办理，《协助查询财产通知书》上查询理由部分写明系因“工作需要”或者“调查工作需要”，必要时可提供电子版查询清单。《协助查询财产通知书》第三联由协助查询单位留存，作为协助查询涉案单位和个人财产的依据。《协助查询财产通知书》第四联和有关查询材料由协助查询单位填写并加盖公章或者查询专用章后退回监察机关。为便于对查询材料进行分析筛选，通常可要求协助查询单位提供电子版查询结果。

三是关于异地查询。监察机关不少于二名调查人员既可以持工作证件和《协助查询财产通知书》第三联、第四联到异地协助查询的单位现场办理，也可以出具《委托调查函》和《协助查询财产通知书》第三联、第四联商请相应监察机关协助查询，由该监察机关不少于二名调查人员持《委托调查函》和《协助查询财产通知书》第三联、第四联到协助查询的单位现场办理。

026

修改后的《监察法》授予监察机关哪些监察强制措施？

2018年《监察法》出台时，正值国家监察体制改革之初。《监察法》授予监察机关留置措施这一项监察强制措施，旨在用留置取代“两规”，实现“两规”措施法治化。随着反腐败斗争的深入，强制措施单一导致监察工作面临一些实际难题。根据反腐败工作需要和监察工作特点，本着确有必要、科学合理的原则，修改后的《监察法》赋予监察机关强制到案、责令候查和管护三项监察强制措施，丰富完善监察机关履职手段，彰显了用法治思维和法治方式惩治腐败的鲜明立场和坚定决心。新增的三项监察强制措施与原有的留置措施一起，形成轻重结合、配套衔接、环环相扣的监察强制措施体系，有利于更好地应对复杂实践情况，进一步提高监督执法工作的精准性、实效性。

027

强制到案措施具有什么制度功能?

修改后的《监察法》增加了强制到案措施，规定监察机关根据案件情况，可以强制涉嫌严重职务违法或者职务犯罪的被调查人到案接受调查，旨在解决监察实践中存在的部分被调查人经通知不到案的问题，增强监察执法权威性，更好保障调查工作开展。

028

如何采取强制到案措施？

《监察法》第二十一条规定："监察机关根据案件情况，经依法审批，可以强制涉嫌严重职务违法或者职务犯罪的被调查人到案接受调查。"第四十六条第一款、第二款规定："采取强制到案、责令候查或者管护措施，应当按照规定的权限和程序，经监察机关主要负责人批准。强制到案持续的时间不得超过十二小时；需要采取管护或者留置措施的，强制到案持续的时间不得超过二十四小时。不得以连续强制到案的方式变相拘禁被调查人。"第四十九条第一款规定："监察机关采取强制到案、责令候查、管护、留置措施，可以根据工作需要提请公安机关配合。公安机关应当依法予以协助。"增加强制到案措施，解决监察实践中存在部分被调查人经通知不到案的问题，增强监察执法权威性。以上规定了监察机关可以以及如何采取强制到案措施，实践中需要注意以下三个方面。

一是准确把握适用对象。强制到案适用于立案后的被调查人，对案件中的证人不能适用此措施。

二是准确把握适用情形。强制到案适用于被调查人涉嫌严重职务违法或者职务犯罪的特定情形，如被调查人只是涉嫌非职务违法（如嫖娼等），或者涉嫌违纪但不构成违法（如违规发展党员等）的则不能适用此措施。

三是准确把握适用程序。根据工作需要可以提请公安机关配合，且强制到案持续的时间不得超过十二小时；需要采取管护或者留置措施的，强制到案持续的时间不得超过二十四小时；不得以连续强制到案的方式变相拘禁被调查人。

029

询问过程中如何全程同步录音录像？

《监察法》第四十四条第二款规定：“调查人员进行讯问以及搜查、查封、扣押等重要取证工作，应当对全过程进行录音录像，留存备查。”《中华人民共和国监察法实施条例》第八十七条第四款规定：“询问重大或者有社会影响案件的重要证人，应当对询问过程全程同步录音录像，并告知证人。告知情况应当在录音录像中予以反映，并在笔录中记明。”据此，监察机关在询问重大或者有社会影响案件的重要证人时，应当对询问过程全程同步录音录像；其他情形下是否全程同步录音录像视情况确定。这与《人民检察院刑事诉讼规则》第一百九十四条第二款关于“询问重大或者有社会影响的案件的重要证人，应当对询问过程实行全程录音、录像，并在询问笔录中注明”的规定一致。

实践中，“重大或者有社会影响案件”一般是指具有下列情形的案件：被调查人涉嫌的违法犯罪行为对国家利益或者公共利益造成重大损害的；案情复杂、涉案人员多、金额大、涉及范围广的；被调查人可能被判处较重刑罚的；违法犯罪案件受到社会广泛关注的；等等。

030

如何依法审慎准确适用新增监察强制措施?

新增监察强制措施既丰富了监察机关反腐败工具箱，也对监察机关履职能力提出了更高要求。监察机关要将修改后的《监察法》关于严格依法、审慎准确适用监察强制措施的立法理念，贯彻到每一个具体案件办理中。一是严格依法适用。修改后的《监察法》坚持授权与控权相结合，对新增监察强制措施的审批程序、法定时限以及工作要求等作了系统规定，为监察机关依法采取相关措施提供了重要制度遵循。采取新增监察强制措施要严格按照规定的权限和程序，经监察机关主要负责人批准，防止实践中滥用；要严格遵守时限要求，坚决杜绝超期采取措施、以连续强制到案的方式变相拘禁被调查人等违法行为；要依照规定出示证件，严格落实通知、告知要求，依法出具、送达法律文书。二是做到审慎准确。修改后的《监察法》对新增监察强制措施的适用情形作了明确规定，为提高措施适用的精准性奠定坚实法制基础。监察机关要严格对照法定适用条件，综合考虑职务违法和职务犯罪行为的严重程度、被调查人妨碍调查的现实可能性、安全风险和案件情况的紧急性等，研判是否有必要采取措施以及采取何种措施，尽量减少对公民权利的影响。特别是，修改后的《监察法》规定了监察机关依法变更监察强制措施制度，将审慎准确适用的法治理念进一步具体化。监察机关要充分运用这一制度，对于根据案件调查进展情况，不需要继续采取监察强制措施或者可以变更为其他更为轻缓措施的，应当及时予以解除或者变更。

031

责令候查措施具有什么制度功能?

修改后的《监察法》增加了责令候查措施，旨在解决未被采取留置措施的被调查人缺乏相应监督管理措施的问题，同时减少留置措施适用，彰显《监察法》总则关于尊重和保障人权、维护监察对象和相关人员合法权益的基本原则。

032

符合什么条件可以采取责令候查措施?

修改后的《监察法》第二十三条第一款规定:“被调查人涉嫌严重职务违法或者职务犯罪,并有下列情形之一的,经监察机关依法审批,可以对其采取责令候查措施:(一)不具有本法第二十四条第一款所列情形的;(二)符合留置条件,但患有严重疾病、生活不能自理的,系怀孕或者正在哺乳自己婴儿的妇女,或者生活不能自理的人的唯一扶养人;(三)案件尚未办结,但留置期限届满或者对被留置人员不需要继续采取留置措施的;(四)符合留置条件,但因为案件的特殊情况或者办理案件的需要,采取责令候查措施更为适宜的。”

033

被责令候查人员应当遵守哪些规定?

修改后的《监察法》第二十三条第二款、第三款规定:“被责令候查人员应当遵守以下规定:(一)未经监察机关批准不得离开所居住的直辖市、设区的市的城市市区或者不设区的市、县的辖区;(二)住址、工作单位和联系方式发生变动的,在二十四小时以内向监察机关报告;(三)在接到通知的时候及时到案接受调查;(四)不得以任何形式干扰证人作证;(五)不得串供或者伪造、隐匿、毁灭证据。被责令候查人员违反前款规定,情节严重的,可以依法予以留置。”

034

修改留置措施相关规定如何体现审慎赋权、严格限权？

修改后的《监察法》坚持授权与控权相结合，在新增留置时间再延长和留置时间重新计算制度的同时，对其适用层级、批准权限、适用条件、适用次数均作了严格的限定，确保规范适用，防止泛化滥用。一是限定适用层级。新增的留置时间重新计算制度旨在解决重大复杂案件办理中的实际难题，仅适用于国家监察委员会和省级监察机关办理的案件，市级和县级监察机关调查职务犯罪案件不能重新计算留置时间。二是严格批准权限。修改后的《监察法》规定，地方各级监察机关再延长留置时间和省级监察机关重新计算留置时间均需报国家监察委员会批准。通过严格的审批程序，强化上级监察机关对下级监察机关的监督管理，是严格限权的一道重要"防线"。三是明确适用条件。留置时间再延长制度仅适用于可能判处十年有期徒刑以上刑罚，且监察机关依法延长留置时间后仍不能调查终结的案件。留置时间重新计算则适用于发现“另有与留置时的罪行不同种的重大职务犯罪或者同种的影响罪名认定、量刑档次的重大职务犯罪”，不能对所有新发现罪行均适用该制度。对适用情形明确具体规定，有利于确保留置时间再延长和重新计算制度严格依法规范适用，准确实现制度功能。四是限制适用次数。为更好保障被留置人员合法权益，明确留置时间重新计算以一次为限，坚决避免对涉嫌多个罪名的被调查人反复重新计算留置时间。

035

如何理解和把握《监察法》对采取留置措施情形的规定？

《监察法》第二十四条第一款规定："被调查人涉嫌贪污贿赂、失职渎职等严重职务违法或者职务犯罪，监察机关已经掌握其部分违法犯罪事实及证据，仍有重要问题需要进一步调查，并有下列情形之一的，经监察机关依法审批，可以将其留置在特定场所：（一）涉及案情重大、复杂的；（二）可能逃跑、自杀的；（三）可能串供或者伪造、隐匿、毁灭证据的；（四）可能有其他妨碍调查行为的。"这里的"严重职务违法"，是指根据监察机关已经掌握的事实及证据，被调查人涉嫌的职务违法行为情节严重，可能被给予撤职以上政务处分。这里的"重要问题"，是指对被调查人涉嫌的职务违法或者职务犯罪，在定性处置、定罪量刑等方面有重要影响的事实、情节及证据。这里的"已经掌握其部分违法犯罪事实及证据"，是指同时具备下列情形，即有证据证明发生了违法犯罪事实；有证据证明该违法犯罪事实是被调查人实施；证明被调查人实施违法犯罪行为的证据已经查证属实。这里的“部分违法犯罪事实”，既可以是单一违法犯罪行为的事实，也可以是数个违法犯罪行为中任何一个违法犯罪行为的事实。这里的“可能逃跑、自杀”，是指被调查人具有下列情形之一，即着手准备自杀、自残或者逃跑的；曾经有自杀、自残或者逃跑行为的；有自杀、自残或者逃跑意图的；其他可能逃跑、自杀的情形。这里的“可能串供或者伪造、隐匿、毁灭证据”，是指被调查人具有下列情形之一，即曾经或者企图串供，伪造、隐匿、毁灭、转移证据的；曾经或者企图威逼、恐吓、利诱、收买证人，干扰证人作证的；有同案人或者与被调查人存在密切关联违法犯罪的涉案人员在逃，重要证据尚未收集完成的；其他可能串供或者伪造、隐匿、毁灭证据的情形。这里的“可能有其他妨碍调查行为”，是指被调查人具有下列情形之一，即可能继续实施违法犯罪行为的；有危害国家安全、公共安全等现实危险的；可能对举报人、控告人、被害人、证人、鉴定人等相关人员实施打击报复的；无正当理由拒不到案，严重影响调查的；其他可能妨碍调查的行为。

总的来看，采取留置措施必须同时具备以下三个要件：一是事实要件。被调查人必须涉嫌严重职务违法或者职务犯罪。留置适用的违法犯罪行为主要是职务违法犯罪，其他的非职务犯罪行为或者非职务违法行为不得采取留置措施。二是证据要件。即监察机关已经掌握被调查人部分违法犯罪事实及证据，且仍有重要问题需要进一步调查。三是现实必要性要件。需具备下列法定的情形之一，即涉及案情重大、复杂的；可能逃跑、自杀的；可能串供或者伪造、隐匿、毁灭证据的；可能有其他妨碍调查行为的。留置的上述三个要件相互联系、缺一不可，必须严格掌握，只有同时具备这三个要件，才能对被调查人实施留置。

036

管护措施具有什么制度功能？

修改后的《监察法》增加了管护措施，规定监察机关对自动投案或者交代有关问题的涉嫌严重职务违法或者职务犯罪人员，在紧急情况下可以进行管护，旨在及时排除风险隐患，保障办案安全。

037

符合什么条件可以采取管护措施？

修改后的《监察法》第二十五条规定：“对于未被留置的下列人员，监察机关发现存在逃跑、自杀等重大安全风险的，经依法审批，可以进行管护：（一）涉嫌严重职务违法或者职务犯罪的自动投案人员；（二）在接受谈话、函询、询问过程中，交代涉嫌严重职务违法或者职务犯罪问题的人员；（三）在接受讯问过程中，主动交代涉嫌重大职务犯罪问题的人员。采取管护措施后，应当立即将被管护人员送留置场所，至迟不得超过二十四小时。”

038

如何准确理解和把握《监察法》第三十六条第三款关于非法证据排除的规定？

《监察法》第三十六条第三款规定："以非法方法收集的证据应当依法予以排除，不得作为案件处置的依据。"《中华人民共和国监察法实施条例》第六十四条规定："严禁以暴力、威胁、引诱、欺骗以及非法限制人身自由等非法方法收集证据，严禁侮辱、打骂、虐待、体罚或者变相体罚被调查人、涉案人员和证人。"第六十五条规定："对于调查人员采用暴力、威胁以及非法限制人身自由等非法方法收集的被调查人供述、证人证言、被害人陈述，应当依法予以排除。前款所称暴力的方法，是指采用殴打、违法使用戒具等方法或者变相肉刑的恶劣手段，使人遭受难以忍受的痛苦而违背意愿作出供述、证言、陈述；威胁的方法，是指采用以暴力或者严重损害本人及其近亲属合法权益等进行威胁的方法，使人遭受难以忍受的痛苦而违背意愿作出供述、证言、陈述。

收集物证、书证不符合法定程序，可能严重影响案件公正处理的，应当予以补正或者作出合理解释；不能补正或者作出合理解释的，对该证据应当予以排除。”第六十六条规定：“监察机关监督检查、调查、案件审理、案件监督管理等部门发现监察人员在办理案件中，可能存在以非法方法收集证据情形的，应当依据职责进行调查核实。对于被调查人控告、举报调查人员采用非法方法收集证据，并提供涉嫌非法取证的人员、时间、地点、方式和内容等材料或者线索的，应当受理并进行审核。根据现有材料无法证明证据收集合法性的，应当进行调查核实。经调查核实，确认或者不能排除以非法方法收集证据的，对有关证据依法予以排除，不得作为案件定性处置、移送审查起诉的依据。认定调查人员非法取证的，应当依法处理，另行指派调查人员重新调查取证。监察机关接到对下级监察机关调查人员采用非法方法收集证据的控告、举报，可以直接进行调查核实，也可以交由下级监察机关调查核实。交由下级监察机关调查核实的，下级监察机关应当及时将调查结果报告上级监察机关。”以上规定了监察机关排除非法证据的要求。这与《中华人民共和国刑事诉讼法》《最高人民法院、最高人民检察院、公安部、国家安全部、司法部关于办理刑事案件严格排除非法证据若干问题的规定》《最高人民法院、最高人民检察院、公安部、国家安全部、司法部办理刑事案件排除非法证据规程》等关于排除非法证据的规定一致。也就是说，《监察法》和《中华人民共和国刑事诉讼法》关于非法证据排除的要求和标准一致，实践中不存在监察机关依照国家监察法律法规和国家监委发布的规范性文件规定的程序取得的证据被司法机关依照《中华人民共和国刑事诉讼法》规定认定为非法证据或者瑕疵证据的情形。

《监察法》第三十六条第三款规定中的“不得作为案件处置的依据”，是指不得作为案件定性处置、移送审查起诉的依据。《监察法》第三十六条第三款规定中的“以非法方法收集的证据应当依法予以排除”，是指下列三种情形：第一种情形是采用下列非法方法收集的被调查人供述，应当予以排除，即采用殴打、违法使用戒具等暴力方法或者变相肉刑的恶劣手段，使被调查人遭受难以忍受的痛苦而违背意愿作出的供述；采用以暴力或者严重损害本人及其近亲属合法权益等进行威胁的方法，使被调查人遭受难以忍受的痛苦而违背意愿作出的供述；采用非法拘禁等非法限制人身自由的方法收集的被调查人供述。采用刑讯逼供方法使被调查人作出供述，之后被调查人受该刑讯逼供行为影响而作出的与该供述相同的重复性供述，应当一并排除，但调查期间，监察机关根据控告、举报或者自己发现等，确认或者不能排除以非法方法收集证据而更换调查人员，其他调查人员再次讯问时告知权利义务和认罪的法律后果，被调查人自愿供述的除外。第二种情形是采用暴力、威胁以及非法限制人身自由等非法方法收集的证人证言、被害人陈述，应当予以排除。第三种情形是采用非法搜查、扣押等违反法定程序的方法收集物证、书证，可能严重影响案件公正处理的，应当予以补正或者作出合理解释；不能补正或者作出合理解释的，对该证据应当予以排除。其中前两种情形属于绝对排除，即凡是属于以非法方法收集的被调查人供述、证人证言、被害人陈述等言词证据一律予以排除，不得作为案件定性处置、移送审查起诉的依据；第三种情形则属于裁量排除，即如果以非法方法收集的物证、书证等客观性证据经补正符合法定程序，或能够作出合理解释的可以作为案件定性处置、移送审查起诉的依据，不能补正或者作出合理解释的则对该证据予以排除，不得作为案件定性处置、移送审查起诉的依据。

039

《监察法》第三十七条第一款中“国家机关”的涵义是什么？

《监察法》第三十七条第一款规定：“人民法院、人民检察院、公安机关、审计机关等国家机关在工作中发现公职人员涉嫌贪污贿赂、失职渎职等职务违法或者职务犯罪的问题线索，应当移送监察机关，由监察机关依法调查处置。”这里的“国家机关”，既包括人民法院、人民检察院、公安机关、审计机关等执法、司法机关，也包括各级人民代表大会及其常务委员会机关等其他国家机关。

040

修改后的《监察法》对采取强制到案、责令候查或者管护措施的审批和时限作出哪些具体规定？

修改后的《监察法》增加一条，作为第四十六条，规定：“采取强制到案、责令候查或者管护措施，应当按照规定的权限和程序，经监察机关主要负责人批准。强制到案持续的时间不得超过十二小时；需要采取管护或者留置措施的，强制到案持续的时间不得超过二十四小时。不得以连续强制到案的方式变相拘禁被调查人。责令候查最长不得超过十二个月。监察机关采取管护措施的，应当在七日以内依法作出留置或者解除管护的决定，特殊情况下可以延长一日至三日。”

041

如何采取鉴定措施？

《监察法》第三十条规定："监察机关在调查过程中，对于案件中的专门性问题，可以指派、聘请有专门知识的人进行鉴定。鉴定人进行鉴定后，应当出具鉴定意见，并且签名。"《中华人民共和国监察法实施条例》第一百四十五条规定："监察机关为解决案件中的专门性问题，按规定报批后，可以依法进行鉴定。鉴定时应当出具《委托鉴定书》，由二名以上调查人员送交具有鉴定资格的鉴定机构、鉴定人进行鉴定。"以上规定了监察机关可以以及如何采取鉴定措施，实践中需要注意以下六个方面。

一是关于鉴定措施的内涵。鉴定，是指监察机关为了查明案情，对案件中某些专门性的问题，指派、聘请鉴定机构（人员）或者有专门知识的人运用专业知识和经验，科学鉴别判断并出具分析意见的一种调查措施。

二是关于鉴定事项。《中华人民共和国监察法实施条例》第一百四十六条规定：“监察机关可以依法开展下列鉴定：(一) 对笔迹、印刷文件、污损文件、制成时间不明的文件和以其他形式表现的文件等进行鉴定；(二) 对案件中涉及的财务会计资料及相关财物进行会计鉴定；(三) 对被调查人、证人的行为能力进行精神病鉴定；(四) 对人体造成的损害或者死因进行人身伤亡医学鉴定；(五) 对录音录像资料进行鉴定；(六) 对因电子信息技术应用而出现的材料及其派生物进行电子证据鉴定；(七) 其他可以依法进行的专业鉴定。”

三是关于适格鉴定机构的选择。监察机关在调查过程中，对于案件中的专门性问题，可以指派、聘请有专门知识的人进行鉴定，即委托具有鉴定资格的单位（人员）进行鉴定。其中，属于法医类鉴定、物证类鉴定、声像资料鉴定以及根据诉讼需要由司法部商最高人民法院、最高人民检察院确定的其他应当对鉴定人和鉴定机构实行登记管理的鉴定事项的，监察机关调查人员可以从《国家司法鉴定人和司法鉴定机构名册》中选择适格的鉴定机构，若公安机关、检察机关有相应鉴定机构的，可以委托公安机关、检察机关的鉴定机构进行鉴定；属于其他鉴定事项的，若有法定鉴定机构的则选择法定鉴定机构。

四是关于有专门知识的人就案件的专门性问题出具

报告。因无鉴定机构，或者根据法律法规等规定，监察机关可以指派、聘请具有专门知识的人就案件的专门性问题出具报告，有专门知识的人就案件的专门性问题出具的报告在监察执法和刑事诉讼中可以作为证据使用。监察机关调查过程中指派、聘请具有专门知识的人就案件的专门性问题出具报告的，可以使用《委托鉴定书》。

五是关于涉案物品真伪甄别等检验机构的选择。价格认定过程中，对金银珠宝、文物、字画、艺术品等特殊的涉案财物，监察机关商请价格认定机构进行价格认定的，应当提供有效的真伪、质量、材质、纯度、技术等检测、鉴定报告。工作中，一般区分情形选择相应的检验机构进行检测、鉴定，一种是根据产品质量法、标准化法、计量法和认证认可条例以及《检验检测机构资质认定管理办法》等规定选择法定检验检测机构。涉案财物需进行真伪、质量、技术检测检验的，监察机关可在国家市场监督管理总局和省级市场监督管理局批准的产品质量检测机构名录中，按照金银首饰、珠宝玉石、钟表等类别，分别选定若干产品质量检测机构。检验检测机构出具检验、检测报告的，应当同时在检验、检测报告后附具《检验检测机构资质认定证书》，该证书附具《授权签字人及其授权签字领域》附表的，不需要再附具检验、检测人员资质证明。另一种是根据文物保护法的规定选择法定鉴定机构。《最高人民法院、最高人民检察院关于办理妨害文物管理等刑事案件适用法律若干问题的解释》明确涉案文物认定和价值认定，可由国务院文物行政部门指定的涉案文物鉴定评估机构出具报告。《国家文物局关于指定北京市文物进出境鉴定所等 13 家机构开展涉案文物鉴定评估工作的通知》《国家文物局关于指定第二批涉案文物鉴定评估机构的通知》《国家文物局关于指定第三批涉案文物鉴定评估机构的通知》分三批在全国范围内遴选指定 64 家涉案文物鉴定评估机构。还有一种是字画等艺术品应择优选择鉴定机构。对不属于文物范围的字画等艺术品的真伪鉴定，一直以来是价格认定的最大障碍，也是社会大众极为关注的热点问题。鉴于其在市场上和生活中不经常出现，价格认定的方法和程序更为模糊，缺少必要的参照物和鉴定标准，在操作上较为困难，得出的结论也易引起质疑。我们认为，书画作品等艺术品，可以先委托相关部门进行真伪鉴定，再进行价格认定。若该字画等涉案艺术品作者健在且符合证人条件的，可以由该涉案艺术品的作者对其创作的艺术品进行辨认，辨认以实物辨认为原则，并制作辨认笔录，被辨认的涉案艺术品因特殊原因不宜移动的，原则上不宜以辨认照片的方式进行真伪甄别，监察机关调查人员可以安排相关人员赴该涉案艺术品保管场所进行辨认。对涉案艺术品的作者虽然在世，但作者因身体原因等无法进行辨认的，除直接参加创作的人员外，不建议由涉案艺术品作者委托其家属、学生等其他人进行辨认并作为认定的依据，在此情形下，监察机关可以征求当地文化行政主管部门意见后，选择现有实力强、管理规范、声誉良好的从事艺术品鉴定业务的艺术品经营单位进行真伪鉴定。

六是关于鉴定意见告知。用作证据的鉴定意见应当告知被调查人及相关单位、人员。监察机关调查人员告知被调查人及相关单位、人员鉴定意见，应当出具《鉴定意见告知书》并注意以下事项：其一是要规范告知内容。既要告知被调查人及相关单位、人员真伪鉴定情况，也要告知被调查人及相关单位、人员价格认定情况；不但要告知被调查人及相关单位、人员鉴定意见的结论部分，而且要将整个鉴定意见告知被调查人及相关单位、人员。调查中对被调查人或者相关单位、人员告知时，可能涉及一个鉴定意见中对多个物品的多个鉴定结论，对于此种情况可以采取附表形式列明告知的详细物品特征及鉴定意见。同时，对于一份检材涉及多份鉴定意见的情况，如对某件物品既进行了真伪鉴定又进行了价格认定，可以在一份《鉴定意见告知书》中说明鉴定的详细情况。被告知人应当签写是否同意鉴定的意见，如果对鉴定意见存在异议，应当载明被告知人是否申请补充鉴定或者重新鉴定。其二是规范《鉴定意见告知书》的使用。按照要求，《鉴定意见告知书》应当送达被调查人及相关单位、人员。监察机关调查人员需要告知被调查人及相关单位、人员鉴定意见时，可以将《鉴定意见告知书》第二联（附卷）中“被害人或其家属”调整为“相关单位、人员”并由被告知人签写意见、签名、捺指印后附卷，或者在告知被调查人并由其在《鉴定意见告知书》第二联（附卷）签写意见、签名、捺指印后复印若干份，分别在告知相关单位、人员时由该被告知人签写意见、签名、捺指印后一并附卷。同时，《鉴定意见告知书》第四联（送达相关单位和人员）若涉及两个以上告知对象的，既可以相应增加《鉴定意见告知书》的联次，也可以在《鉴定意见告知书》第四联（送达相关单位和人员）处列明全部被告知的相关单位、人员，并复印若干份分别送达被告知的相关单位、人员。其三是规范告知程序。考虑到《鉴定意见告知书》本身反映的内容有限，为充分保障相关单位和人员的知情权等合法权益，可以视情制作鉴定意见告知笔录，载明告知权利义务、鉴定内容和结论的过程等内容，以及被告知对象的意见，配合《鉴定意见告知书》体现告知的真实性和完整性。其四是规范告知范围。用作证据的鉴定意见，除了告知被调查人之外，监察机关调查人员也要告知其他与鉴定意见有利害关系的单位、人员。比如，涉嫌受贿问题的鉴定意见一般应告知被调查人、行贿人，结合个案情况对确有必要的还应告知其他利害关系人。

042

如何采取限制出境措施？

《监察法》第三十三条规定："监察机关为防止被调查人及相关人员逃匿境外，经省级以上监察机关批准，可以对被调查人及相关人员采取限制出境措施，由公安机关依法执行。对于不需要继续采取限制出境措施的，应当及时解除。"《中华人民共和国监察法实施条例》第一百六十二条规定："监察机关为防止被调查人及相关人员逃匿境外，按规定报批后，可以依法决定采取限制出境措施，交由移民管理机构依法执行。"第一百六十三条规定："监察机关采取限制出境措施应当出具有关函件，与《采取限制出境措施决定书》一并送交移民管理机构执行。其中，采取边控措施的，应当附《边控对象通知书》；采取法定不批准出境措施的，应当附《法定不准出境人员报备表》。"以上规定了监察机关可以以及如何采取限制出境措施，实践中需要注意以下三个方面。

一是关于限制出境措施的内涵。限制出境是监察机关为防止被调查人及相关人员逃匿境外，经省级以上监察机关批准后，交由移民管理机构对该被调查人及相关人员实施出境入境控制的调查措施，包括边控措施和法定不批准出境措施。决定采取限制出境措施的，监察机关应当出具《采取限制出境措施委托函》，与《采取限制出境措施决定书》一并送交移民管理机构执行。

二是关于采取边控措施。边控是针对持有效出入境护照通行证件人员的限制出境措施。若被限制出境人员持有护照或者其他出入境证件，需要临时控制出境的，应当相应采取边控措施的，一并附具《边控对象通知书》。

三是关于采取法定不批准出境措施。法定不批准出境措施是针对无有效出入境护照通行证件人员的限制出境措施。被限制出境人员未持有护照或者其他出入境证件，或者虽持有护照等出入境证件，但公安机关（国家移民管理机构）应当依法收缴或者宣布作废的，监察机关应当相应采取法定不批准出境措施，一并附具《法定不准出境人员报备表》。

需要指出的是，限制出境措施有效期不超过三个月，到期自动解除。到期后仍有必要继续采取措施的，应当按原程序报批。承办部门应当出具有关函件，在到期前与《延长限制出境措施期限决定书》一并送交移民管理机构执行。延长期限每次不得超过三个月。监察机关接到口岸移民管理机构查获被决定采取留置措施的边控对象的通知后，应当于二十四小时以内到达口岸办理移交手续。无法及时到达的，应当委托当地监察机关及时前往口岸办理移交手续。当地监察机关应当予以协助。对于不需要继续采取限制出境措施的，应当按规定报批，及时予以解除。承办部门应当出具《解除限制出境措施的函》，与《解除限制出境措施决定书》一并送交移民管理机构执行。县级以上监察机关在重要紧急情况下，经审批可以依法直接向口岸所在地口岸移民管理机构提请办理临时限制出境措施，措施范围仅限于接控机关管辖口岸，期限不得超过七日且不能延期。

043

修改后的《监察法》为什么增加一条对审理工作进行专门规定？

为了明确审理程序的法律地位，充分发挥审理对调查的审核把关和监督制约作用，在修改后的《监察法》中增加一条，作为第五十一条："监察机关在调查工作结束后，应当依法对案件事实和证据、性质认定、程序手续、涉案财物等进行全面审理，形成审理报告，提请集体审议。"

044

如何准确理解和把握《监察法》第五十二条第一款第五项关于提出监察建议的规定?

《监察法》第十一条第三项规定，监察委员会“对违法的公职人员依法作出政务处分决定；对履行职责不力、失职失责的领导人员进行问责；对涉嫌职务犯罪的，将调查结果移送人民检察院依法审查、提起公诉；向监察对象所在单位提出监察建议。”第五十二条第一款第五项规定，监察机关根据监督、调查结果，“对监察对象所在单位廉政建设和履行职责存在的问题等提出监察建议”。第七十一条规定：“有关单位拒不执行监察机关作出的处理决定，或者无正当理由拒不采纳监察建议的，由其主管部门、上级机关责令改正，对单位给予通报批评；对负有责任的领导人员和直接责任人员依法给予处理。”《中华人民共和国监察法实施条例》第三十六条规定：“监察机关根据监督、调查结果，发现监察对象所在单位在廉政建设、权力制约、监督管理、制度执行以及履行职责等方面存在问题需要整改纠正的，依法提出监察建议。监察机关应当跟踪了解监察建议的采纳情况，指导、督促有关单位限期整改，推动监察建议落实到位。”第二百零五条规定：“监察机关依法向监察对象所在单位提出监察建议的，应当经审批制作监察建议书。监察建议书一般应当包括下列内容：（一）监督调查情况；（二）调查中发现的主要问题及其产生的原因；（三）整改建议、要求和期限；（四）向监察机关反馈整改情况的要求。”以上规定从以案促改促治方面明确了监察机关提出监察建议的情形和推动监察建议落实到位的工作要求，实践中需要注意以下四个方面。

一是关于监察机关提出监察建议的法定情形。监察对象所在单位存在廉政建设方面突出问题、权力运行制约监督方面较大风险、监察对象教育管理监督方面突出问题、执行法律法规制度不到位、不履行或者不正确履行法定职责，以及其他需要提出监察建议的情形，需要整改纠正的，监察机关可以提出监察建议。对属于偶发性问题，不涉及体制机制问题、制度短板或者监管漏洞；问题程度较轻，可以通过约谈提醒、情况通报、提出改进工作的意见等方式督促整改；对同一单位的同一问题，已经提出整改意见，正在整改落实；有关单位已发现相关问题，并采取有针对性的措施开展整改等情形的，不需要提出监察建议。监察机关按照职责分工，将问题线索移送有关机关处理，或者向有管理权限的单位提出组织处理、处分等建议的，不适用监察建议。

二是关于监察机关提出监察建议的审批程序。监察机关应当按照权限，向监察对象所在单位提出监察建议。监察机关承办部门研究提出监察建议过程中，应当坚持问题导向、系统观念，加强分析研判，保证建议质量，防止泛化、简单化；在提出监察建议前，可以采取专题调研、部门会商、征求特约监察员等有关人员意见，以及与被建议单位或其他有关方面沟通等方式，提高建议的针对性、可行性；经研判认为有必要提出监察建议的，层报本机关主要负责人审批，其中承办部门不联系被建议单位的，一般应当先行征求相关监督检查部门及分管该部门的领导意见。上级监察机关办理提级管辖案件，认为需要提出监察建议的，经本机关主要负责人审批，可以直接向被调查人所在单位提出监察建议，或者按程序交由有管辖权的下级监察机关办理。监察机关办理指定管辖案件，认为需要向被调查人所在单位提出监察建议的，应当将发现的问题及其成因、整改建议等有关情况报送指定管辖的上级监察机关，由上级监察机关提出监察建议，或者由其移交有管辖权的监察机关依法办理。地方各级监委办理工作单位在地方、管理权限在主管部门的公职人员涉嫌职务违法和职务犯罪案件，认为需要向公职人员所在单位提出监察建议的，应当将发现的问题及其成因、整改建议等按程序移送有权限的监察机构依法办理。派驻机构提出监察建议的，应当经本机构主要负责人审批，其中地方各级监委派驻机构向驻在单位提出监察建议的，应当报派出机关分管领导审批。

三是关于对监察建议提出异议时的解决途径。被建议单位对监察建议有异议的，可以自收到建议书之日起十五个工作日内，书面向提出建议的监察机关提出异议。监察机关应当自收到异议之日起一个月内作出复核决定。监察建议原承办部门负责异议复核工作，或者经本机关主要负责人批准，由相关监督检查部门负责。监察建议原承办人员不得参与异议复核。复核意见应当报本机关主要负责人审批。经复核认为异议成立的，对监察建议作出修改或者撤回；认为异议不成立的，书面反馈被建议单位并说明理由。异议复核期间，不停止监察建议的落实。

四是关于监察机关提出监察建议的后续整改。具体提出监察建议的监察机关承办部门不联系被建议单位的，在送达监察建议书之前，应当将有关文书及材料移送相关监督检查部门，并介绍有关情况，由相关监督检查部门负责后续督办工作。监督检查部门应当对监察建议实行台账管理，跟踪监督、定期对账，对达到整改要求的予以销号，对整改不到位的提出进一步整改意见。在督办回访工作中，可以采取调研走访、听取汇报、专项检查、列席专题民主生活会，以及会同被建议单位同级监委或者有关派驻机构联动监督等方式，督促相关单位落实整改责任。监察机关一般应当要求被建议单位在收到监察建议书之日起三个月内书面反馈整改落实情况。对于长期性整改工作，一般应当要求其二个月内报送整改落实方案，六个月内书面反馈整改进展情况。监督检查部门应当加强对负责督办的监察建议整改落实情况的汇总分析，适时形成综合情况报告，报送本机关主要负责人。发现整改落实工作中的重要情况，及时进行专项报告。被建议单位无正当理由拒不采纳监察建议，或者在整改中消极应付、经督促仍整改不及时不到位的，对该单位以及负有责任的领导人员和直接责任人员依法严肃处理。

045

如何准确理解和把握《监察法》第五十六条关于复审、复核的规定？

《监察法》第五十六条规定："监察对象对监察机关作出的涉及本人的处理决定不服的，可以在收到处理决定之日起一个月内，向作出决定的监察机关申请复审，复审机关应当在一个月内作出复审决定；监察对象对复审决定仍不服的，可以在收到复审决定之日起一个月内，向上一级监察机关申请复核，复核机关应当在二个月内作出复核决定。复审、复核期间，不停止原处理决定的执行。复核机关经审查，认定处理决定有错误的，原处理机关应当及时予以纠正。"《中华人民共和国监察法实施条例》第二百一十一条规定："复审、复核机关承办部门应当成立工作组，调阅原案卷宗，必要时可以进行调查取证。承办部门应当集体研究，提出办理意见，经审批作出复审、复核决定。决定应当送达申请人，抄送相关单位，并在一定范围内宣布。复审、复核期间，不停止原处理决定的执行。复审、复核机关经审查认定处理决定有错误或者不当的，应当依法撤销、变更原处理决定，或者责令原处理机关及时予以纠正。复审、复核机关经审查认定处理决定事实清楚、适用法律正确的，应当予以维持。坚持复审复核与调查审理分离，原案调查、审理人员不得参与复审复核。”《中华人民共和国公职人员政务处分法》第五十五条规定：“公职人员对监察机关作出的涉及本人的政务处分决定不服的，可以依法向作出决定的监察机关申请复审；公职人员对复审决定仍不服的，可以向上一级监察机关申请复核。监察机关发现本机关或者下级监察机关作出的政务处分决定确有错误的，应当及时予以纠正或者责令下级监察机关及时予以纠正。”第五十六条规定：“复审、复核期间，不停止原政务处分决定的执行。公职人员不因提出复审、复核而被加重政务处分。”第五十七条规定：“有下列情形之一的，复审、复核机关应当撤销原政务处分决定，重新作出决定或者责令原作出决定的监察机关重新作出决定：（一）政务处分所依据的违法事实不清或者证据不足的；（二）违反法定程序，影响案件公正处理的；（三）超越职权或者滥用职权作出政务处分决定的。”第五十八条规定：“有下列情形之一的，复审、复核机关应当变更原政务处分决定，或者责令原作出决定的监察机关予以变更：

（一）适用法律、法规确有错误的；（二）对违法行为的情节认定确有错误的；（三）政务处分不当的。”第五十九条规定：“复审、复核机关认为政务处分决定认定事实清楚，适用法律正确的，应当予以维持。”以上规定明确了监察机关的复审复核制度。这里的“复审”，是指监察对象对监察机关作出的涉及本人的处理决定不服，自收到处理决定之日起一个月内，可以向作出决定的监察机关申请复审，作出决定的监察机关依法受理后，应当对原处理决定进行审查核实并作出复审决定。这里的“复核”，是指监察对象对复审决定不服，自收到复审决定之日起一个月内，可以向作出复审决定的监察机关的上一级监察机关申请复核，上一级监察机关依法受理后，对原复审决定进行审查核实并作出复核决定。这里的“涉及本人的处理决定”，主要是指监察机关作出的政务处分决定。实践中需要注意以下四个方面。

一是关于复审、复核的程序。上一级监察机关的复核决定和国家监察委员会的复审、复核决定为最终决定。复审、复核机关是各级监察机关，监察对象对监察机关作出的涉及本人的处理决定不服的，只能向作出政务处理决定的监察机关申请复审，进而向上一级监察机关申请复核，不能向其他机关提出复审、复核申请或者提出申诉。关于复审、复核程序和时限要求，复审是复核的前置程序，未经复审的，不能提出复核申请。监察对象可以在收到处理决定之日起一个月内，向作出决定的监察机关申请复审，复审机关应当在受理后一个月以内作出复审决定；监察对象对复审决定仍不服的，可以在收到复审决定之日起一个月内，向上一级监察机关申请复核，复核机关应当在受理后二个月以内作出复核决定。复审复核与调查审理分离，原案调查、审理人员不得参与复审复核。

二是关于复审、复核的范围。纳入监察机关复审、复核程序予以救济的范围主要是监察机关对监察对象作出的涉及本人的处理决定。需要指出的是，对监察机关及其工作人员有采取强制到案、责令候查、管护或者留置措施法定期限届满，不予以解除或者变更的；或者查封、扣押、冻结与案件无关的财物的；或者应当解除查封、扣押、冻结措施而不解除的；或者贪污、挪用、私分、调换以及违反规定使用查封、扣押、冻结的财物的；或者有其他违反法律法规、侵害被调查人合法权益的行为的，被调查人及其近亲属、利害关系人有权依照《监察法》第六十九条第一款的规定向该机关申诉，但不得通过向监察机关申请复审、复核的方式进行权利救济。

三是关于复审、复核的处理结果。根据《中华人民共和国公职人员政务处分法》和《中华人民共和国监察法实施条例》规定，复审、复核的处理结果包括依法撤销、变更或者责令处理机关及时予以纠正，或者予以维持原政务处理决定等情况。复审、复核机关应当依法审查，严格按照法定情形作出相应的复审、复核决定。

四是关于复审、复核期间原处理决定的效力。原处理决定自作出之日起生效，而不是以送达被处理人为生效条件。处理决定生效后，有关机关、单位即应当根据该决定依法、及时作出相应处理。复审、复核期间不停止原处理决定的执行。原处理决定被撤销后，该决定自作出之日起即无效，应当依法应当恢复该公职人员的级别、薪酬待遇，按照原职务、职级、衔级、岗位和职员等级安排相应的职务、职级、衔级、岗位和职员等级，并在原处理决定公布范围内为其恢复名誉；没收、追缴财物错误的，应当依法予以返还、赔偿。

046

修改后的《监察法》规定国家监察委员会会同有关单位加强与有关国家、地区、国际组织开展反腐败国际合作的主要领域有哪些？

修改后的《监察法》将第五十一条改为第五十八条，明确了国家监察委员会会同有关单位加强与有关国家、地区、国际组织开展反腐败国际合作的主要领域，规定：“国家监察委员会会同有关单位加强与有关国家、地区、国际组织在反腐败方面开展引渡、移管被判刑人、遣返、联合调查、调查取证、资产追缴和信息交流等执法司法合作和司法协助。”

047

修改后的《监察法》在加强对监察权的监督制约、保障公民权利方面有哪些规定?

此次修改《监察法》，将加强对监察权的监督制约，保障公民权利作为一个重点。具体来讲，主要体现在以下四个方面：一是强化监察执法工作规范化要求。在总则中将“遵守法定程序，公正履行职责”写入监察工作原则，进一步突出依法开展监察工作的总体要求，并贯通体现到修法内容的各个方面。在第五章监察程序中增加规定，“调查人员应当依法文明规范开展调查工作”，并明确了不得以暴力方式收集证据的要求，坚决杜绝暴力取证。二是强化公民权利保障。在监察工作原则中增写“尊重和保障人权”，将“保障当事人的合法权益”修改为“保障监察对象及相关人员的合法权益”，充分彰显依法全面保障人权的鲜明立场。对监察机关依法保护企业产权和自主经营权作出专门规定，进一步强化监察调查工作中对各类企业产权和企业经营者合法权益的保障，避免或者减少对涉案企业正常生产、经营活动的影响。三是确保严格依法慎用监察强制措施。坚持授权与控权相结合，在依法授予必要的监察强制措施的同时，对新增监察强制措施适用情形予以列举式规定，明确采取新增监察强制措施应当按照规定的权限和程序，经监察机关主要负责人批准，防止滥用；完善相关权益保障条款和刑期折抵规定，确保相关措施严格规范行使。严格限定留置时间“再延长”和重新计算的适用条件、审批层级，切实防止实践中泛化使用。同时，专门增加关于依法变更强制措施的规定，以减少留置措施适用。四是加强对监察权的监督和约束。将近年来特约监察员工作的实践成果上升为法律规定，加强对监察机关及其工作人员的外部监督。增加规定禁闭措施，巩固深化全国纪检监察干部队伍教育整顿成果，体现对监察人员从严监督和约束。完善对监察机关及其工作人员违法办案的申诉制度和责任追究规定，促进严格依法行使监察权。

048

修改后的《监察法》为什么专门对特约监察员制度作出规定？

习近平总书记指出，监察权是把双刃剑，也要关进制度的笼子，自觉接受党和人民监督，行使权力必须十分谨慎。特约监察员制度是深化国家监察体制改革以来探索形成的对监察机关及其工作人员履行职责情况进行监督的重要方式。修改后的《监察法》将近年来特约监察员工作的实践成果上升为法律制度，增加一条，作为第六十二条："监察机关根据工作需要，可以从各方面代表中聘请特约监察员。特约监察员按照规定对监察机关及其工作人员履行职责情况实行监督。"

049

修改后的《监察法》为什么新增了禁闭制度？

修改后的《监察法》着眼于加强纪检监察干部队伍建设，打造让党中央放心、让人民群众满意的纪检监察铁军，在认真总结全国纪检监察干部队伍教育整顿做法成效的基础上，新增禁闭制度，进一步强化对监察人员的监督，确保监察执法权依法公正行使。

禁闭是监察机关加强内部监督的重要措施。监察机关加强对监察人员执行职务和遵纪守法情况的内部监督，是促进监察权依法公正行使，保证监察人员成为自我革命的表率、遵规守纪的标杆的重要途径。修改后的《监察法》在原有内部监督制度的基础上，在第六十四条增加规定禁闭制度，旨在丰富内部监督的措施手段，坚决防治“灯下黑”。禁闭措施适用于涉嫌严重职务违法或者职务犯罪的监察人员，这既体现了禁闭的内部监督功能，也符合监察机关法定管辖职责。同时，采取禁闭措施的目的是防止造成更为严重的后果或者恶劣影响，具有积极的预防功能。监察执法工作具有自身特点，监察人员涉嫌在监察执法工作中实施严重职务违法或者职务犯罪行为，如不及时采取相关措施，可能造成泄露监察工作秘密，为被调查人或者涉案人员通风报信，威胁、恐吓、报复举报人、证人等严重后果或者恶劣影响，干扰监察执法工作正常进行，损害监察机关的权威性和公信力。监察机关在掌握监察人员有关问题线索的情况下，依法对其采取禁闭措施，能够有效预防和制止严重后果或者恶劣影响发生，维护监察工作秩序，保障相关人员的合法权益。

050

如何对涉嫌严重职务违法或者职务犯罪的监察人员采取禁闭措施？

《监察法》第六十四条规定："监察人员涉嫌严重职务违法或者职务犯罪，为防止造成更为严重的后果或者恶劣影响，监察机关经依法审批，可以对其采取禁闭措施。禁闭的期限不得超过七日。被禁闭人员应当配合监察机关调查。监察机关经调查发现被禁闭人员符合管护或者留置条件的，可以对其采取管护或者留置措施。本法第五十条的规定，适用于禁闭措施。"以上规定明确了监察机关对其管理的监察人员采取禁闭措施的制度，实践中需要注意以下三个方面。

一是关于禁闭措施的适用情形。禁闭措施适用于监察人员涉嫌严重职务违法或者职务犯罪的特定情况，且系为防止造成更为严重的后果或者恶劣影响而采取。

二是关于禁闭措施的适用程序。对监察人员采取禁闭措施的，应当在二十四小时以内通知被禁闭人员所在单位和家属，但有可能伪造、隐匿、毁灭证据，干扰证人作证或者串供等有碍调查的情形除外。有碍调查的情形消失后，应当立即通知被禁闭人员所在单位和家属。解除禁闭的，则应当及时通知被禁闭人员所在单位或者家属。

三是关于禁闭的期限与折抵刑期。禁闭的期限不得超过七日。被禁闭人员涉嫌犯罪移送司法机关后，被依法判处管制、拘役和有期徒刑的，禁闭一日折抵管制二日、折抵拘役和有期徒刑一日。

051

禁闭与其他监察强制措施如何衔接协调?

修改后的《监察法》设立禁闭制度，立足点在于加强对监察人员的监督，本质上是对涉嫌严重职务违法或者职务犯罪监察人员实施监督的特有措施，并不是将禁闭作为替代管护、留置等其他监察强制措施的手段。《监察法》对禁闭与有关监察强制措施的衔接作出明确规定，厘清相互之间的关系。禁闭期间，监察机关经调查发现被禁闭人员符合《监察法》第二十四条规定的留置或者第二十五条规定的管护条件，可依法对其采取管护或者留置措施，禁闭措施即自动解除。

052

如何依法保障被禁闭人员合法权益？

修改后的《监察法》新增“尊重和保障人权”作为监察工作原则之一，充分彰显了监察工作依法保障当事人权利的鲜明立场。修改后的《监察法》中关于禁闭措施的规定，是落实总则中的人权保障原则，对被禁闭人员的权利保障作出细化，明确《监察法》第五十条的规定，适用于禁闭措施。首先，监察机关要依法保障被禁闭人员所在单位和家属的知情权。采取禁闭措施后，除有碍调查的情形外，应当在二十四小时以内通知被禁闭人员所在单位和家属；解除禁闭的，应当及时通知被禁闭人员所在单位和家属。其次，赋予被禁闭人员及其近亲属申请变更强制措施的权利，完善禁闭措施救济途径。被禁闭人员本人或近亲属认为被禁闭人员符合采取责令候查措施条件，可以向监察机关申请将禁闭变更为责令候查措施。监察机关应当在规定期限内作出决定，不同意变更的，应当告知申请人并说明理由。再次，加强对被禁闭人员人身权利的保障。监察机关要依法保障被禁闭人员的饮食、休息和安全，并提供医疗服务，在禁闭期间对被禁闭人员谈话、讯问的，应合理安排时间和时长。此外，《监察法》还规定，案件移送司法机关后，被禁闭人员被判处管制、拘役或者有期徒刑的，禁闭时间可依法折抵刑期，以进一步落实保障人权的工作要求。

053

如何准确理解和把握《监察法》第六十七条关于监察人员回避的规定？

《监察法》第六十七条规定：“办理监察事项的监察人员有下列情形之一的，应当自行回避，监察对象、检举人及其他有关人员也有权要求其回避：（一）是监察对象或者检举人的近亲属的；（二）担任过本案的证人的；（三）本人或者其近亲属与办理的监察事项有利害关系的；（四）有可能影响监察事项公正处理的其他情形的。”《中华人民共和国监察法实施条例》第二百六十三条规定：“办理监察事项的监察人员有监察法第五十八条所列情形之一的，应当自行提出回避；没有自行提出回避的，监察机关应当依法决定其回避，监察对象、检举人及其他有关人员也有权要求其回避。选用借调人员、看护人员、调查场所，应当严格执行回避制度。”第二百六十四条规定：“监察人员自行提出回避，或者监察对象、检举人及其他有关人员要求监察人员回避的，应当书面或者口头提出，并说明理由。口头提出的，应当形成记录。监察机关主要负责人的回避，由上级监察机关主要负责人决定；其他监察人员的回避，由本级监察机关主要负责人决定。”《中华人民共和国监察官法》第四十七条规定：“办理监察事项的监察官有下列情形之一的，应当自行回避，监察对象、检举人、控告人及其他有关人员也有权要求其回避；没有主动申请回避的，监察机关应当依法决定其回避：（一）是监察对象或者检举人、控告人的近亲属的；（二）担任过本案的证人的；（三）本人或者其近亲属与办理的监察事项有利害关系的；（四）有可能影响监察事项公正处理的其他情形的。”以上规定明确了监察人员在办理监察事项时的回避制度，实践中需要注意以下三个方面。

一是关于监察人员回避情形。办理监察事项的监察人员本人或者其近亲属与办理的监察事项有利害关系的，或者本人是监察对象或者检举人、控告人的近亲属的；或者担任过本案的证人的；或者有可能影响监察事项公正处理的其他情形的，应当予以回避。

二是关于监察人员回避种类。回避包括自行回避、申请回避和指令回避三种，其中办理监察事项的监察人员有法定回避情形之一的，应当自行回避；监察对象、检举人、控告人及其他有关人员也有权要求其回避；办理监察事项的监察人员没有主动申请回避，监察对象、检举人、控告人及其他有关人员也没有申请其回避的，监察机关应当指令其回避。

三是关于监察人员回避程序。监察人员自行提出回避，或者监察对象、检举人、控告人及其他有关人员要求监察人员回避的，应当书面或者口头提出，并说明理由；口头提出的，应当形成记录。监察机关发现办理监察事项的监察人员存在法定回避事由的，可以直接指令其回避。监察机关主要负责人的回避，由上级监察机关主要负责人决定；其他监察人员的回避，由本级监察机关主要负责人决定。

054

如何认识监察机关及其工作人员在履行职责过程中应当依法保护企业产权和自主经营权？

习近平总书记强调，“纪检监察机关在履行职责过程中，有时需要企业经营者协助调查，这种情况下，要查清问题，也要保障其合法的人身和财产权益，保障企业合法经营”。修改后的《监察法》落实党中央要求，对监察机关依法保护企业产权和自主经营权作出专门规定，要求“监察机关及其工作人员在履行职责过程中应当依法保护企业产权和自主经营权，严禁利用职权非法干扰企业生产经营。需要企业经营者协助调查的，应当保障其人身权利、财产权利和其他合法权益，避免或者尽量减少对企业正常生产经营活动的影响”。

在履行职责过程中需要企业经营者协助调查的，应当保障其人身权利、财产权利和其他合法权益，避免或者尽量减少对涉案企业正常生产、经营活动的影响，为促进企业发展营造良好法治环境。

055

修改后的《监察法》对申诉制度是如何规定的?

修改后的《监察法》第六十九条规定:“监察机关及其工作人员有下列行为之一的,被调查人及其近亲属、利害关系人有权向该机关申诉:(一)采取强制到案、责令候查、管护、留置或者禁闭措施法定期限届满,不予以解除或者变更的;(二)查封、扣押、冻结与案件无关或者明显超出涉案范围的财物的;(三)应当解除查封、扣押、冻结措施而不解除的;(四)贪污、挪用、私分、调换或者违反规定使用查封、扣押、冻结的财物的;(五)利用职权非法干扰企业生产经营或者侵害企业经营者人身权利、财产权利和其他合法权益的;(六)其他违反法律法规、侵害被调查人合法权益的行为。受理申诉的监察机关应当在受理申诉之日起一个月内作出处理决定。申诉人对处理决定不服的,可以在收到处理决定之日起一个月内向上一级监察机关申请复查,上一级监察机关应当在收到复查申请之日起二个月内作出处理决定,情况属实的,及时予以纠正。”

056

修改后的《监察法》对监察机关及其工作人员的责任追究制度是如何规定的?

修改后的《监察法》第七十四条规定:“监察机关及其工作人员有下列行为之一的,对负有责任的领导人员和直接责任人员依法给予处理:(一)未经批准、授权处置问题线索,发现重大案情隐瞒不报,或者私自留存、处理涉案材料的;(二)利用职权或者职务上的影响干预调查工作、以案谋私的;(三)违法窃取、泄露调查工作信息,或者泄露举报事项、举报受理情况以及举报人信息的;(四)对被调查人或者涉案人员逼供、诱供,或者侮辱、打骂、虐待、体罚或者变相体罚的;(五)违反规定处置查封、扣押、冻结的财物的;(六)违反规定发生办案安全事故,或者发生安全事故后隐瞒不报、报告失实、处置不当的;(七)违反规定采取强制到案、责令候查、管护、留置或者禁闭措施,或者法定期限届满,不予以解除或者变更的;(八)违反规定采取技术调查、限制出境措施，或者不按规定解除技术调查、限制出境措施的；（九）利用职权非法干扰企业生产经营或者侵害企业经营者人身权利、财产权利和其他合法权益的；（十）其他滥用职权、玩忽职守、徇私舞弊的行为。”

057

如何理解强化监察法治理念，促进在法治轨道上深化反腐败工作？

监察法治理念是监察工作领域贯彻落实习近平法治思想的具体体现，指导监察执法工作的具体实践。2018年制定《监察法》，将“以事实为根据，以法律为准绳”“在适用法律上一律平等”等法治理念具体化为监察工作原则，有力推动了监察工作法治化。2024年修改《监察法》，坚持理念创新和制度创新同步推进，总结《监察法》实施以来在推进廉政建设和反腐败斗争中贯彻落实习近平法治思想的新举措新经验，提炼转化为监察法治理念，并贯通落实和体现到各项具体制度设计之中。一是尊重和保障人权。为贯彻宪法关于“国家尊重和保障人权”的规定，在监察工作原则中增写“尊重和保障人权”，并将“保障当事人的合法权益”细化为“保障监察对象及相关人员的合法权益”，充分彰显了监察工作依法保障人权的鲜明立场。同时，将人权保障理念落实到

《监察法》关于调查取证、措施适用、救济机制等新增规定中，涵盖监察对象及相关人员的人身权、知情权、财产权、申辩权、申诉权以及申请复审复核权等各项合法权益，充分体现惩治腐败与保障人权有机统一的法治精神。二是遵守法定程序，公正履行职责。守法律、重程序，这是法治的第一位要求。法定程序是监察机关履职行权的基本遵循，公正执法是监察工作的内在要求。《监察法》修改将这一法治理念纳入监察工作原则，并相应完善监察程序、对监察机关和监察人员的监督等相关规定，以法律形式强化监察机关公正开展监察工作的要求。在第五章监察程序中增加规定，“调查人员应当依法文明规范开展调查工作”，并明确了不得以暴力等方式收集证据的要求，坚决杜绝违法取证。三是依法保护企业产权和自主经营权。习近平总书记强调，“纪检监察机关在履行职责过程中，有时需要企业经营者协助调查，这种情况下，要查清问题，也要保障其合法的人身和财产权益，保障企业合法经营”。修改后的《监察法》落实党中央要求，对监察机关依法保护企业产权和自主经营权作出专门规定，要求在履行职责过程中需要企业经营者协助调查的，应当保障其人身权利、财产权利和其他合法权益，避免或者尽量减少对涉案企业正常生产、经营活动的影响，为促进企业发展营造良好法治环境。

058

如何理解完善监察派驻、派出制度，增强监察监督全覆盖的有效性？

习近平总书记强调，要强化对权力监督的全覆盖、有效性，确保权力不被滥用。国家监察是对公权力最直接最有效的监督。修改前的《监察法》规定了监察派驻、派出制度，各级监察委员会依法向本级党的机关、国家机关、国有企事业单位等派驻、派出监察机构、监察专员，有力推进了监察全覆盖。为进一步构建横向到边、纵向到底、分工协作的监察全覆盖体系，增强监督有效性，修改后的《监察法》结合派驻、派出机构改革实践，丰富完善了监察派驻、派出制度。一是细化派驻、派出相关规定。进一步明晰派驻范围，对“中国人民政治协商会议委员会机关”和“事业单位”予以明确列举。将原规定的“所管辖的行政区域”修改为“辖区内特定区域”，更加精准体现监察委员会依法向地区、盟、开发区等不设置人民代表大会的区域，以及不设立监察委员会的街道、乡镇等特定区域派出监察机构或者监察专员的实际情况，进一步增强法律规定的指向性。二是创设监察再派出制度。根据修改前的《监察法》规定，只有各级监委可以派驻、派出监察机构、监察专员，而且只能向本级党和国家机关等单位派驻、派出。因此，对于实行垂直管理或者双重领导并以上级单位领导为主的单位而言，国家监委只能向其中央一级单位派驻监察机构。实践中，实行垂直管理或者双重领导并以上级单位领导为主的单位的公职人员队伍规模大，单位层级多，国家监委派驻机构的监察监督难以有效覆盖全系统。同时，中管企业、部属高校和国务院国资委下属的委管企业在监察权运用的全覆盖方面存在与此相同的问题。为解决上述问题，2024 年修改《监察法》新增监察再派出制度，规定经国家监委批准，国家监委派驻本级实行垂直管理或者双重领导并以上级单位领导为主的单位、国有企业的监察机构、监察专员，可以向驻在单位的下一级单位再派出；国家监委派驻监察机构、监察专员，可以向驻在单位管理领导班子的普通高等学校再派出；国家监委派驻国务院国有资产监督管理机构的监察机构，可以向驻在单位管理领导班子的国有企业再派出。监察再派出制度为国家监察工作注入新的动能，有利于实现监察权向下延伸，增强监察监督全覆盖的有效性。

059

如何理解授予必要的监察权限，加强反腐败能力建设？

为保障监察机关有效履行监察职责，《监察法》对监察机关在工作中可以采取的监察措施作了明确规定，为保障调查工作顺利开展发挥了重要作用。2024 年修改《监察法》坚持授权与控权相结合，既赋予监察机关必要权限，进一步丰富反腐败工具箱，又强化对监察措施行使的管理监督。一是科学构建监察强制措施体系。根据反腐败工作需要和监察工作特点，本着确有必要、科学合理的原则，新增强制到案、责令候查、管护三项监察强制措施，与原有的留置措施一起，形成轻重结合、配套衔接、环环相扣的监察强制措施体系。这有利于监察机关更好应对复杂实践情况，减少留置措施适用，保障相关人员人身安全。二是严格规范监察强制措施适用。在依法授予必要的监察强制措施的同时，对新增监察强制措施适用情形予以列举式规定，明确采取相关措施应当按照规定的权限和程序，经监察机关主要负责人批准，防止实践中滥用。完善相关权益保障条款和刑期折抵规定，确保相关措施严格规范行使。同时，专门增加关于将管护、留置措施依法变更为责令候查措施的规定，体现慎用管护、留置措施的立法精神。三是合理优化相关监察措施。修改后的《监察法》深入贯彻权由法定、权依法使的基本法治理念，进一步明确谈话、函询措施的法律地位，优化勘验检查措施相关表述，增加关于调查实验的规定，以保障监察机关依法有效履行监察职责。

060

如何理解细化完善监察程序，严格规范监察权行使？

开展监察工作必须坚持实体与程序并重，以程序公正保障实体公正。《监察法》专门设置监察程序一章，对监察机关开展监督、调查、处置工作程序作出明确规定，并在程序中贯穿监察机关、监察人员的工作权限和履职要求。修改后的《监察法》聚焦监察工作程序中的关键点和风险点，构建完善更加规范、严密的监察工作程序，在监察权运行的重要环节充分彰显严格依法履职行权的法治要求。一是优化留置时间制度。在现行留置时间规定的基础上，增加规定经国家监委批准或决定，对可能判处十年有期徒刑以上刑罚的案件可以再延长二个月留置时间，省级以上监察机关发现另有重要罪行可以重新计算一次留置时间，以适应监察办案实际，解决重大复杂案件留置时间紧张的问题，保证办案质量和效果。同时，严格限定留置时间再延长和重新计算的审批层级、适用条件和次数等，切实防止实践中泛化使用。二是强调审理的审核把关和监督制约作用。在修改后的《监察法》中明确审理程序的法律地位，要求对案件事实和证据、性质认定、程序手续、涉案财物等进行全面审理，充分发挥审理对调查的审核把关作用。三是明确承担留置场所看护勤务的机关。要求由公安机关负责省级以下监察机关留置场所的看护勤务，并对留置看护队伍的管理作出原则规定。这为公安机关开展留置场所的看护勤务工作提供了更为明确、充分的法律依据，有利于加强留置看护规范化、法治化、正规化建设。

第三部分

《中华人民共和国监察法》及修正草案说明

中华人民共和国监察法

（2018 年 3 月 20 日第十三届全国人民代表大会第一次会议通过　根据 2024 年 12 月 25 日第十四届全国人民代表大会常务委员会第十三次会议《关于修改〈中华人民共和国监察法〉的决定》修正）

目　　录

第一章　总　　则

第一条　为了深入开展廉政建设和反腐败工作，加强对所有行使公权力的公职人员的监督，实现国家监察全面覆盖，持续深化国家监察体制改革，推进国家治理体系和治理能力现代化，根据宪法，制定本法。

第二条　坚持中国共产党对国家监察工作的领导，以马克思列宁主义、毛泽东思想、邓小平理论、“三个代表”重要思想、科学发展观、习近平新时代中国特色社会主义思想为指导，构建集中统一、权威高效的中国特色国家监察体制。

第三条　各级监察委员会是行使国家监察职能的专责机关，依照本法对所有行使公权力的公职人员（以下称公职人员）进行监察，调查职务违法和职务犯罪，开展廉政建设和反腐败工作，维护宪法和法律的尊严。

第四条　监察委员会依照法律规定独立行使监察权，不受行政机关、社会团体和个人的干涉。

监察机关办理职务违法和职务犯罪案件，应当与审判机关、检察机关、执法部门互相配合，互相制约。

监察机关在工作中需要协助的，有关机关和单位应当根据监察机关的要求依法予以协助。

第五条　国家监察工作严格遵照宪法和法律，以事实为根据，以法律为准绳；权责对等，严格监督；遵守法定程序，公正履行职责；尊重和保障人权，在适用法律上一律平等，保障监察对象及相关人员的合法权益；惩戒与教育相结合，宽严相济。

第六条　国家监察工作坚持标本兼治、综合治理，强化监督问责，严厉惩治腐败；深化改革、健全法治，有效制约和监督权力；加强法治教育和道德教育，弘扬中华优秀传统文化，构建不敢腐、不能腐、不想腐的长效机制。

第二章　监察机关及其职责

第七条　中华人民共和国国家监察委员会是最高监察机关。

省、自治区、直辖市、自治州、县、自治县、市、市辖区设立监察委员会。

第八条　国家监察委员会由全国人民代表大会产生，负责全国监察工作。

国家监察委员会由主任、副主任若干人、委员若干人组成，主任由全国人民代表大会选举，副主任、委员由国家监察委员会主任提请全国人民代表大会常务委员会任免。

国家监察委员会主任每届任期同全国人民代表大会

每届任期相同，连续任职不得超过两届。

国家监察委员会对全国人民代表大会及其常务委员会负责，并接受其监督。

第九条 地方各级监察委员会由本级人民代表大会产生，负责本行政区域内的监察工作。

地方各级监察委员会由主任、副主任若干人、委员若干人组成，主任由本级人民代表大会选举，副主任、委员由监察委员会主任提请本级人民代表大会常务委员会任免。

地方各级监察委员会主任每届任期同本级人民代表大会每届任期相同。

地方各级监察委员会对本级人民代表大会及其常务委员会和上一级监察委员会负责，并接受其监督。

第十条 国家监察委员会领导地方各级监察委员会的工作，上级监察委员会领导下级监察委员会的工作。

第十一条 监察委员会依照本法和有关法律规定履行监督、调查、处置职责：

（一）对公职人员开展廉政教育，对其依法履职、秉公用权、廉洁从政从业以及道德操守情况进行监督检查；

（二）对涉嫌贪污贿赂、滥用职权、玩忽职守、权力寻租、利益输送、徇私舞弊以及浪费国家资财等职务违法和职务犯罪进行调查；

（三）对违法的公职人员依法作出政务处分决定；对履行职责不力、失职失责的领导人员进行问责；对涉嫌职务犯罪的，将调查结果移送人民检察院依法审查、提起公诉；向监察对象所在单位提出监察建议。

第十二条 各级监察委员会可以向本级中国共产党机关、国家机关、中国人民政治协商会议委员会机关、法律法规授权或者委托管理公共事务的组织和单位以及辖区内特定区域、国有企业、事业单位等派驻或者派出监察机构、监察专员。

经国家监察委员会批准，国家监察委员会派驻本级实行垂直管理或者双重领导并以上级单位领导为主的单位、国有企业的监察机构、监察专员，可以向驻在单位的下一级单位再派出。

经国家监察委员会批准，国家监察委员会派驻监察机构、监察专员，可以向驻在单位管理领导班子的普通高等学校再派出；国家监察委员会派驻国务院国有资产监督管理机构的监察机构，可以向驻在单位管理领导班子的国有企业再派出。

监察机构、监察专员对派驻或者派出它的监察委员会或者监察机构、监察专员负责。

第十三条 派驻或者派出的监察机构、监察专员根据授权，按照管理权限依法对公职人员进行监督，提出监察建议，依法对公职人员进行调查、处置。

第十四条 国家实行监察官制度，依法确定监察官的等级设置、任免、考评和晋升等制度。

第三章 监察范围和管辖

第十五条 监察机关对下列公职人员和有关人员进行监察：

（一）中国共产党机关、人民代表大会及其常务委员会机关、人民政府、监察委员会、人民法院、人民检察院、中国人民政治协商会议各级委员会机关、民主党派机关和工商业联合会机关的公务员，以及参照《中华人民共和国公务员法》管理的人员；

（二）法律、法规授权或者受国家机关依法委托管理公共事务的组织中从事公务的人员；

（三）国有企业管理人员；

（四）公办的教育、科研、文化、医疗卫生、体育等单位中从事管理的人员；

（五）基层群众性自治组织中从事管理的人员；

（六）其他依法履行公职的人员。

第十六条 各级监察机关按照管理权限管辖本辖区内本法第十五条规定的人员所涉监察事项。

上级监察机关可以办理下一级监察机关管辖范围内

的监察事项，必要时也可以办理所辖各级监察机关管辖范围内的监察事项。

监察机关之间对监察事项的管辖有争议的，由其共同的上级监察机关确定。

第十七条　上级监察机关可以将其所管辖的监察事项指定下级监察机关管辖，也可以将下级监察机关有管辖权的监察事项指定给其他监察机关管辖。

监察机关认为所管辖的监察事项重大、复杂，需要由上级监察机关管辖的，可以报请上级监察机关管辖。

第四章　监察权限

第十八条　监察机关行使监督、调查职权，有权依法向有关单位和个人了解情况，收集、调取证据。有关单位和个人应当如实提供。

监察机关及其工作人员对监督、调查过程中知悉的国家秘密、工作秘密、商业秘密、个人隐私和个人信息，应当保密。

任何单位和个人不得伪造、隐匿或者毁灭证据。

第十九条　对可能发生职务违法的监察对象，监察机关按照管理权限，可以直接或者委托有关机关、人员进行谈话，或者进行函询，要求说明情况。

第二十条　在调查过程中，对涉嫌职务违法的被调查人，监察机关可以进行谈话，要求其就涉嫌违法行为作出陈述，必要时向被调查人出具书面通知。

对涉嫌贪污贿赂、失职渎职等职务犯罪的被调查人，监察机关可以进行讯问，要求其如实供述涉嫌犯罪的情况。

第二十一条 监察机关根据案件情况，经依法审批，可以强制涉嫌严重职务违法或者职务犯罪的被调查人到案接受调查。

第二十二条 在调查过程中，监察机关可以询问证人等人员。

第二十三条 被调查人涉嫌严重职务违法或者职务犯罪，并有下列情形之一的，经监察机关依法审批，可以对其采取责令候查措施：

（一）不具有本法第二十四条第一款所列情形的；

（二）符合留置条件，但患有严重疾病、生活不能自理的，系怀孕或者正在哺乳自己婴儿的妇女，或者生活不能自理的人的唯一扶养人；

（三）案件尚未办结，但留置期限届满或者对被留置人员不需要继续采取留置措施的；

（四）符合留置条件，但因为案件的特殊情况或者办理案件的需要，采取责令候查措施更为适宜的。

被责令候查人员应当遵守以下规定：

（一）未经监察机关批准不得离开所居住的直辖市、设区的市的城市市区或者不设区的市、县的辖区；

（二）住址、工作单位和联系方式发生变动的，在二十四小时以内向监察机关报告；

（三）在接到通知的时候及时到案接受调查；

（四）不得以任何形式干扰证人作证；

（五）不得串供或者伪造、隐匿、毁灭证据。

被责令候查人员违反前款规定，情节严重的，可以依法予以留置。

第二十四条 被调查人涉嫌贪污贿赂、失职渎职等严重职务违法或者职务犯罪，监察机关已经掌握其部分违法犯罪事实及证据，仍有重要问题需要进一步调查，并有下列情形之一的，经监察机关依法审批，可以将其留置在特定场所：

（一）涉及案情重大、复杂的；

（二）可能逃跑、自杀的；

（三）可能串供或者伪造、隐匿、毁灭证据的；

（四）可能有其他妨碍调查行为的。

对涉嫌行贿犯罪或者共同职务犯罪的涉案人员，监察机关可以依照前款规定采取留置措施。

留置场所的设置、管理和监督依照国家有关规定执行。

第二十五条 对于未被留置的下列人员，监察机关发现存在逃跑、自杀等重大安全风险的，经依法审批，可以进行管护：

（一）涉嫌严重职务违法或者职务犯罪的自动投案人员；

（二）在接受谈话、函询、询问过程中，交代涉嫌严重职务违法或者职务犯罪问题的人员；

（三）在接受讯问过程中，主动交代涉嫌重大职务犯罪问题的人员。

采取管护措施后，应当立即将被管护人员送留置场所，至迟不得超过二十四小时。

第二十六条 监察机关调查涉嫌贪污贿赂、失职渎职等严重职务违法或者职务犯罪，根据工作需要，可以依照规定查询、冻结涉案单位和个人的存款、汇款、债券、股票、基金份额等财产。有关单位和个人应当配合。

冻结的财产经查明与案件无关的，应当在查明后三日内解除冻结，予以退还。

第二十七条 监察机关可以对涉嫌职务犯罪的被调查人以及可能隐藏被调查人或者犯罪证据的人的身体、物品、住处和其他有关地方进行搜查。在搜查时，应当出示搜查证，并有被搜查人或者其家属等见证人在场。

搜查女性身体，应当由女性工作人员进行。

监察机关进行搜查时，可以根据工作需要提请公安机关配合。公安机关应当依法予以协助。

第二十八条 监察机关在调查过程中，可以调取、查封、扣押用以证明被调查人涉嫌违法犯罪的财物、文件和电子数据等信息。采取调取、查封、扣押措施，应当收集原物原件，会同持有人或者保管人、见证人，当面逐一拍照、登记、编号，开列清单，由在场人员当场核对、签名，并将清单副本交财物、文件的持有人或者保管人。

对调取、查封、扣押的财物、文件，监察机关应当设立专用账户、专门场所，确定专门人员妥善保管，严格履行交接、调取手续，定期对账核实，不得毁损或者用于其他目的。对价值不明物品应当及时鉴定，专门封存保管。

查封、扣押的财物、文件经查明与案件无关的，应当在查明后三日内解除查封、扣押，予以退还。

第二十九条 监察机关在调查过程中，可以直接或者指派、聘请具有专门知识的人在调查人员主持下进行勘验检查。勘验检查情况应当制作笔录，由参加勘验检查的人员和见证人签名或者盖章。

必要时，监察机关可以进行调查实验。调查实验情况应当制作笔录，由参加实验的人员签名或者盖章。

第三十条 监察机关在调查过程中，对于案件中的专门性问题，可以指派、聘请有专门知识的人进行鉴定。鉴定人进行鉴定后，应当出具鉴定意见，并且签名。

第三十一条 监察机关调查涉嫌重大贪污贿赂等职务犯罪，根据需要，经过严格的批准手续，可以采取技术调查措施，按照规定交有关机关执行。

批准决定应当明确采取技术调查措施的种类和适用对象，自签发之日起三个月以内有效；对于复杂、疑难案件，期限届满仍有必要继续采取技术调查措施的，经过批准，有效期可以延长，每次不得超过三个月。对于不需要继续采取技术调查措施的，应当及时解除。

第三十二条 依法应当留置的被调查人如果在逃，监察机关可以决定在本行政区域内通缉，由公安机关发布通缉令，追捕归案。通缉范围超出本行政区域的，应当报请有权决定的上级监察机关决定。

第三十三条 监察机关为防止被调查人及相关人员逃匿境外，经省级以上监察机关批准，可以对被调查人及相关人员采取限制出境措施，由公安机关依法执行。对于不需要继续采取限制出境措施的，应当及时解除。

第三十四条 涉嫌职务犯罪的被调查人主动认罪认罚，有下列情形之一的，监察机关经领导人员集体研究，并报上一级监察机关批准，可以在移送人民检察院时提出从宽处罚的建议：

（一）自动投案，真诚悔罪悔过的；

（二）积极配合调查工作，如实供述监察机关还未掌握的违法犯罪行为的；

（三）积极退赃，减少损失的；

（四）具有重大立功表现或者案件涉及国家重大利益等情形的。

第三十五条 职务违法犯罪的涉案人员揭发有关被调查人职务违法犯罪行为，查证属实的，或者提供重要线索，有助于调查其他案件的，监察机关经领导人员集体研究，并报上一级监察机关批准，可以在移送人民检察院时提出从宽处罚的建议。

第三十六条 监察机关依照本法规定收集的物证、书证、证人证言、被调查人供述和辩解、视听资料、电子数据等证据材料，在刑事诉讼中可以作为证据使用。

监察机关在收集、固定、审查、运用证据时，应当与刑事审判关于证据的要求和标准相一致。

以非法方法收集的证据应当依法予以排除，不得作为案件处置的依据。

第三十七条 人民法院、人民检察院、公安机关、审计机关等国家机关在工作中发现公职人员涉嫌贪污贿赂、失职渎职等职务违法或者职务犯罪的问题线索，应当移送监察机关，由监察机关依法调查处置。

被调查人既涉嫌严重职务违法或者职务犯罪，又涉嫌其他违法犯罪的，一般应当由监察机关为主调查，其他机关予以协助。

第五章　监察程序

第三十八条　监察机关对于报案或者举报，应当接受并按照有关规定处理。对于不属于本机关管辖的，应当移送主管机关处理。

第三十九条　监察机关应当严格按照程序开展工作，建立问题线索处置、调查、审理各部门相互协调、相互制约的工作机制。

监察机关应当加强对调查、处置工作全过程的监督管理，设立相应的工作部门履行线索管理、监督检查、督促办理、统计分析等管理协调职能。

第四十条　监察机关对监察对象的问题线索，应当按照有关规定提出处置意见，履行审批手续，进行分类办理。线索处置情况应当定期汇总、通报，定期检查、抽查。

第四十一条　需要采取初步核实方式处置问题线索的，监察机关应当依法履行审批程序，成立核查组。初步核实工作结束后，核查组应当撰写初步核实情况报告，提出处理建议。承办部门应当提出分类处理意见。初步核实情况报告和分类处理意见报监察机关主要负责人审批。

第四十二条 经过初步核实，对监察对象涉嫌职务违法犯罪，需要追究法律责任的，监察机关应当按照规定的权限和程序办理立案手续。

监察机关主要负责人依法批准立案后，应当主持召开专题会议，研究确定调查方案，决定需要采取的调查措施。

立案调查决定应当向被调查人宣布，并通报相关组织。涉嫌严重职务违法或者职务犯罪的，应当通知被调查人家属，并向社会公开发布。

第四十三条 监察机关对职务违法和职务犯罪案件，应当进行调查，收集被调查人有无违法犯罪以及情节轻重的证据，查明违法犯罪事实，形成相互印证、完整稳定的证据链。

调查人员应当依法文明规范开展调查工作。严禁以暴力、威胁、引诱、欺骗及其他非法方式收集证据，严禁侮辱、打骂、虐待、体罚或者变相体罚被调查人和涉案人员。

监察机关及其工作人员在履行职责过程中应当依法保护企业产权和自主经营权，严禁利用职权非法干扰企业生产经营。需要企业经营者协助调查的，应当保障其人身权利、财产权利和其他合法权益，避免或者尽量减少对企业正常生产经营活动的影响。

第四十四条 调查人员采取讯问、询问、强制到案、责令候查、管护、留置、搜查、调取、查封、扣押、勘验检查等调查措施，均应当依照规定出示证件，出具书面通知，由二人以上进行，形成笔录、报告等书面材料，并由相关人员签名、盖章。

调查人员进行讯问以及搜查、查封、扣押等重要取证工作，应当对全过程进行录音录像，留存备查。

第四十五条 调查人员应当严格执行调查方案，不得随意扩大调查范围、变更调查对象和事项。

对调查过程中的重要事项，应当集体研究后按程序请示报告。

第四十六条 采取强制到案、责令候查或者管护措施，应当按照规定的权限和程序，经监察机关主要负责人批准。

强制到案持续的时间不得超过十二小时；需要采取管护或者留置措施的，强制到案持续的时间不得超过二十四小时。不得以连续强制到案的方式变相拘禁被调查人。

责令候查最长不得超过十二个月。

监察机关采取管护措施的，应当在七日以内依法作出留置或者解除管护的决定，特殊情况下可以延长一日至三日。

第四十七条　监察机关采取留置措施，应当由监察机关领导人员集体研究决定。设区的市级以下监察机关采取留置措施，应当报上一级监察机关批准。省级监察机关采取留置措施，应当报国家监察委员会备案。

第四十八条　留置时间不得超过三个月。在特殊情况下，可以延长一次，延长时间不得超过三个月。省级以下监察机关采取留置措施的，延长留置时间应当报上一级监察机关批准。监察机关发现采取留置措施不当或者不需要继续采取留置措施的，应当及时解除或者变更为责令候查措施。

对涉嫌职务犯罪的被调查人可能判处十年有期徒刑以上刑罚，监察机关依照前款规定延长期限届满，仍不能调查终结的，经国家监察委员会批准或者决定，可以再延长二个月。

省级以上监察机关在调查期间，发现涉嫌职务犯罪的被调查人另有与留置时的罪行不同种的重大职务犯罪或者同种的影响罪名认定、量刑档次的重大职务犯罪，经国家监察委员会批准或者决定，自发现之日起依照本条第一款的规定重新计算留置时间。留置时间重新计算以一次为限。

第四十九条 监察机关采取强制到案、责令候查、管护、留置措施，可以根据工作需要提请公安机关配合。公安机关应当依法予以协助。

省级以下监察机关留置场所的看护勤务由公安机关负责，国家监察委员会留置场所的看护勤务由国家另行规定。留置看护队伍的管理依照国家有关规定执行。

第五十条 采取管护或者留置措施后，应当在二十四小时以内，通知被管护人员、被留置人员所在单位和家属，但有可能伪造、隐匿、毁灭证据，干扰证人作证或者串供等有碍调查情形的除外。有碍调查的情形消失后，应当立即通知被管护人员、被留置人员所在单位和家属。解除管护或者留置的，应当及时通知被管护人员、被留置人员所在单位和家属。

被管护人员、被留置人员及其近亲属有权申请变更管护、留置措施。监察机关收到申请后，应当在三日以内作出决定；不同意变更措施的，应当告知申请人，并说明不同意的理由。

监察机关应当保障被强制到案人员、被管护人员以及被留置人员的饮食、休息和安全，提供医疗服务。对其谈话、讯问的，应当合理安排时间和时长，谈话笔录、讯问笔录由被谈话人、被讯问人阅看后签名。

被管护人员、被留置人员涉嫌犯罪移送司法机关后，被依法判处管制、拘役或者有期徒刑的，管护、留置一日折抵管制二日，折抵拘役、有期徒刑一日。

第五十一条 监察机关在调查工作结束后，应当依法对案件事实和证据、性质认定、程序手续、涉案财物等进行全面审理，形成审理报告，提请集体审议。

第五十二条 监察机关根据监督、调查结果，依法作出如下处置：

（一）对有职务违法行为但情节较轻的公职人员，按照管理权限，直接或者委托有关机关、人员，进行谈话提醒、批评教育、责令检查，或者予以诫勉；

（二）对违法的公职人员依照法定程序作出警告、记过、记大过、降级、撤职、开除等政务处分决定；

（三）对不履行或者不正确履行职责负有责任的领导人员，按照管理权限对其直接作出问责决定，或者向有权作出问责决定的机关提出问责建议；

（四）对涉嫌职务犯罪的，监察机关经调查认为犯罪事实清楚，证据确实、充分的，制作起诉意见书，连同案卷材料、证据一并移送人民检察院依法审查、提起公诉；

（五）对监察对象所在单位廉政建设和履行职责存在的问题等提出监察建议。

监察机关经调查，对没有证据证明被调查人存在违法犯罪行为的，应当撤销案件，并通知被调查人所在单位。

第五十三条 监察机关经调查，对违法取得的财物，依法予以没收、追缴或者责令退赔；对涉嫌犯罪取得的财物，应当随案移送人民检察院。

第五十四条 对监察机关移送的案件，人民检察院依照《中华人民共和国刑事诉讼法》对被调查人采取强制措施。

人民检察院经审查，认为犯罪事实已经查清，证据确实、充分，依法应当追究刑事责任的，应当作出起诉决定。

人民检察院经审查，认为需要补充核实的，应当退回监察机关补充调查，必要时可以自行补充侦查。对于补充调查的案件，应当在一个月内补充调查完毕。补充调查以二次为限。

人民检察院对于有《中华人民共和国刑事诉讼法》规定的不起诉的情形的，经上一级人民检察院批准，依法作出不起诉的决定。监察机关认为不起诉的决定有错误的，可以向上一级人民检察院提请复议。

第五十五条 监察机关在调查贪污贿赂、失职渎职等职务犯罪案件过程中，被调查人逃匿或者死亡，有必要继续调查的，应当继续调查并作出结论。被调查人逃匿，在通缉一年后不能到案，或者死亡的，由监察机关提请人民检察院依照法定程序，向人民法院提出没收违法所得的申请。

第五十六条 监察对象对监察机关作出的涉及本人的处理决定不服的，可以在收到处理决定之日起一个月内，向作出决定的监察机关申请复审，复审机关应当在一个月内作出复审决定；监察对象对复审决定仍不服的，可以在收到复审决定之日起一个月内，向上一级监察机关申请复核，复核机关应当在二个月内作出复核决定。复审、复核期间，不停止原处理决定的执行。复核机关经审查，认定处理决定有错误的，原处理机关应当及时予以纠正。

第六章 反腐败国际合作

第五十七条 国家监察委员会统筹协调与其他国家、地区、国际组织开展的反腐败国际交流、合作，组织反腐败国际条约实施工作。

第五十八条 国家监察委员会会同有关单位加强与有关国家、地区、国际组织在反腐败方面开展引渡、移管被判刑人、遣返、联合调查、调查取证、资产追缴和信息交流等执法司法合作和司法协助。

第五十九条 国家监察委员会加强对反腐败国际追逃追赃和防逃工作的组织协调，督促有关单位做好相关工作：

（一）对于重大贪污贿赂、失职渎职等职务犯罪案件，被调查人逃匿到国（境）外，掌握证据比较确凿的，通过开展境外追逃合作，追捕归案；

（二）向赃款赃物所在国请求查询、冻结、扣押、没收、追缴、返还涉案资产；

（三）查询、监控涉嫌职务犯罪的公职人员及其相关人员进出国（境）和跨境资金流动情况，在调查案件过程中设置防逃程序。

第七章　对监察机关和监察人员的监督

第六十条　各级监察委员会应当接受本级人民代表大会及其常务委员会的监督。

各级人民代表大会常务委员会听取和审议本级监察委员会的专项工作报告，组织执法检查。

县级以上各级人民代表大会及其常务委员会举行会议时，人民代表大会代表或者常务委员会组成人员可以依照法律规定的程序，就监察工作中的有关问题提出询问或者质询。

第六十一条　监察机关应当依法公开监察工作信息，接受民主监督、社会监督、舆论监督。

第六十二条　监察机关根据工作需要，可以从各方面代表中聘请特约监察员。特约监察员按照规定对监察机关及其工作人员履行职责情况实行监督。

第六十三条 监察机关通过设立内部专门的监督机构等方式，加强对监察人员执行职务和遵守法律情况的监督，建设忠诚、干净、担当的监察队伍。

第六十四条 监察人员涉嫌严重职务违法或者职务犯罪，为防止造成更为严重的后果或者恶劣影响，监察机关经依法审批，可以对其采取禁闭措施。禁闭的期限不得超过七日。

被禁闭人员应当配合监察机关调查。监察机关经调查发现被禁闭人员符合管护或者留置条件的，可以对其采取管护或者留置措施。

本法第五十条的规定，适用于禁闭措施。

第六十五条 监察人员必须模范遵守宪法和法律，忠于职守、秉公执法，清正廉洁、保守秘密；必须具有良好的政治素质，熟悉监察业务，具备运用法律、法规、政策和调查取证等能力，自觉接受监督。

第六十六条 对于监察人员打听案情、过问案件、说情干预的，办理监察事项的监察人员应当及时报告。有关情况应当登记备案。

发现办理监察事项的监察人员未经批准接触被调查人、涉案人员及其特定关系人，或者存在交往情形的，知情人应当及时报告。有关情况应当登记备案。

第六十七条 办理监察事项的监察人员有下列情形之一的，应当自行回避，监察对象、检举人及其他有关人员也有权要求其回避：

（一）是监察对象或者检举人的近亲属的；

（二）担任过本案的证人的；

（三）本人或者其近亲属与办理的监察事项有利害关系的；

（四）有可能影响监察事项公正处理的其他情形的。

第六十八条 监察机关涉密人员离岗离职后，应当遵守脱密期管理规定，严格履行保密义务，不得泄露相关秘密。

监察人员辞职、退休三年内，不得从事与监察和司法工作相关联且可能发生利益冲突的职业。

第六十九条 监察机关及其工作人员有下列行为之一的，被调查人及其近亲属、利害关系人有权向该机关申诉：

（一）采取强制到案、责令候查、管护、留置或者禁闭措施法定期限届满，不予以解除或者变更的；

（二）查封、扣押、冻结与案件无关或者明显超出涉案范围的财物的；

（三）应当解除查封、扣押、冻结措施而不解除的；

（四）贪污、挪用、私分、调换或者违反规定使用查封、扣押、冻结的财物的；

（五）利用职权非法干扰企业生产经营或者侵害企业经营者人身权利、财产权利和其他合法权益的；

（六）其他违反法律法规、侵害被调查人合法权益的行为。

受理申诉的监察机关应当在受理申诉之日起一个月内作出处理决定。申诉人对处理决定不服的，可以在收到处理决定之日起一个月内向上一级监察机关申请复查，上一级监察机关应当在收到复查申请之日起二个月内作出处理决定，情况属实的，及时予以纠正。

第七十条 对调查工作结束后发现立案依据不充分或者失实，案件处置出现重大失误，监察人员严重违法的，应当追究负有责任的领导人员和直接责任人员的责任。

第八章 法律责任

第七十一条 有关单位拒不执行监察机关作出的处理决定，或者无正当理由拒不采纳监察建议的，由其主管部门、上级机关责令改正，对单位给予通报批评；对负有责任的领导人员和直接责任人员依法给予处理。

第七十二条 有关人员违反本法规定，有下列行为之一的，由其所在单位、主管部门、上级机关或者监察机关责令改正，依法给予处理：

（一）不按要求提供有关材料，拒绝、阻碍调查措施实施等拒不配合监察机关调查的；

（二）提供虚假情况，掩盖事实真相的；

（三）串供或者伪造、隐匿、毁灭证据的；

（四）阻止他人揭发检举、提供证据的；

（五）其他违反本法规定的行为，情节严重的。

第七十三条 监察对象对控告人、检举人、证人或者监察人员进行报复陷害的；控告人、检举人、证人捏造事实诬告陷害监察对象的，依法给予处理。

第七十四条 监察机关及其工作人员有下列行为之一的，对负有责任的领导人员和直接责任人员依法给予处理：

（一）未经批准、授权处置问题线索，发现重大案情隐瞒不报，或者私自留存、处理涉案材料的；

（二）利用职权或者职务上的影响干预调查工作、以案谋私的；

（三）违法窃取、泄露调查工作信息，或者泄露举报事项、举报受理情况以及举报人信息的；

（四）对被调查人或者涉案人员逼供、诱供，或者侮辱、打骂、虐待、体罚或者变相体罚的；

（五）违反规定处置查封、扣押、冻结的财物的；

（六）违反规定发生办案安全事故，或者发生安全事故后隐瞒不报、报告失实、处置不当的；

（七）违反规定采取强制到案、责令候查、管护、留置或者禁闭措施，或者法定期限届满，不予以解除或者变更的；

（八）违反规定采取技术调查、限制出境措施，或者不按规定解除技术调查、限制出境措施的；

（九）利用职权非法干扰企业生产经营或者侵害企业经营者人身权利、财产权利和其他合法权益的；

（十）其他滥用职权、玩忽职守、徇私舞弊的行为。

第七十五条　违反本法规定，构成犯罪的，依法追究刑事责任。

第七十六条　监察机关及其工作人员行使职权，侵犯公民、法人和其他组织的合法权益造成损害的，依法给予国家赔偿。

第九章　附　　则

第七十七条　中国人民解放军和中国人民武装警察部队开展监察工作，由中央军事委员会根据本法制定具体规定。

第七十八条　本法自公布之日起施行。《中华人民共和国行政监察法》同时废止。

关于《中华人民共和国监察法（修正草案）》的说明

——2024年9月10日在第十四届全国人民代表大会常务委员会第十一次会议上

国家监察委员会主任　刘金国

全国人民代表大会常务委员会：

我代表国家监察委员会，作关于《中华人民共和国监察法（修正草案）》的说明。

一、修改监察法的必要性

十三届全国人大一次会议于2018年3月20日审议通过的《中华人民共和国监察法》，是深化国家监察体制改革的重大制度成果。监察法的实施，对加强党对反腐败工作的集中统一领导，构建集中统一、权威高效的中国特色国家监察体制，实现对公职人员的监察全覆盖发挥了重要作用。与此同时，以习近平同志为核心的党中央从推进党的自我革命、健全党和国家监督体系的高度，对持续深化国家监察体制改革作出重要部署，反腐败斗争面临新的形势和任务，全面建设社会主义现代化国家对纪检监察工作高质量发展提出新的要求，迫切需要与时俱进地对监察法作出修改完善。

一是深入贯彻党的二十大和二十届三中全会决策部署的必然要求。党的二十大和二十届三中全会对推进反腐败国家立法作出明确部署。监察法作为对国家监察工作起统领性和基础性作用的反腐败国家立法，是党和国家监督制度的重要内容，是党的自我革命制度规范体系的重要组成部分。贯彻党的二十大和二十届三中全会精神，及时修改监察法，坚持和强化党对监察工作的领导，坚持和完善党中央集中统一领导下的反腐败工作体制机制，完善监察机关派驻制度，深化反腐败国际合作，增强监察全覆盖的有效性，有利于健全党和国家监督体系，增强治理腐败效能，提升党的自我净化、自我完善、自我革新、自我提高能力，更好实现新时代新征程党的使命任务。

二是巩固拓展国家监察体制改革成果的重要举措。习近平总书记强调，“要实现立法和改革决策相衔接，做到重大改革于法有据、立法主动适应改革发展需要”。监察法实施以来，在党中央坚强领导下，国家监察体制改革持续深化，改革举措不断出台，改革成效不断显现。修改监察法，及时把在党中央领导下持续深化国家监察体制改革积累的宝贵经验制度化，将实践成果上升为法律规定，能够为持续深化国家监察体制改革提供长久法治动力，有利于形成立法保障改革、改革推动制度创新的良性循环。

三是解决新形势下监察工作中突出问题的现实需要。当前，反腐败斗争取得压倒性胜利并全面巩固，但形势依然严峻复杂，铲除腐败滋生土壤和条件的任务依然艰巨。同时，监察法实施中出现了一些新情况新问题，如有些案件留置期限紧张影响办案质量和效果，监察机关强制措施单一等。修改监察法，根据反腐败斗争的新形势新任务，进一步授予监察权限，优化留置期限，打通理顺制度堵点难点，有利于依法解决实践中反映出来的突出问题，进一步提高监督执法工作的精准性、实效性，为以零容忍态度反腐惩恶，坚决打赢反腐败斗争攻坚战持久战，一体推进不敢腐、不能腐、不想腐提供法制保障。

四是推进监察工作规范化、法治化、正规化的有力保证。习近平总书记多次强调，纪检监察机关要增强法治意识、程序意识、证据意识，不断提高纪检监察工作规范化、法治化、正规化水平。监察法集组织法、程序法、实体法于一体，对保障各级监察机关正确行使职权，以法治思维和法治方式反对腐败发挥了积极作用。随着监察实践的不断丰富发展，修改监察法，进一步完善监察程序、严格批准权限，健全监察机关内控机制，严格对监察人员违法行为的责任追究，有利于指导各级监察机关加强规范化、专业化建设，健全自身权力运行机制和管理监督体系，确保监察执法权受监督、有约束，推动监察权在法治轨道上运行，推进新时代监察工作高质量发展。

二、修改监察法的指导思想、工作原则和工作过程

监察法修改工作坚持以习近平新时代中国特色社会主义思想为指导，深入贯彻习近平法治思想，深刻领悟"两个确立"的决定性意义，增强"四个意识"、坚定"四个自信"、做到"两个维护"，主要把握以下原则：一是坚持正确政治方向。坚决贯彻落实党中央决策部署，使党的主张通过法定程序转化为国家意志，自觉在党中央的领导下开展修法工作。二是坚持问题导向。聚焦实践反映的突出问题，对法律制度堵点实施"定点爆破"，力争以小切口解决大问题。三是坚持系统观念。与近年来新制定或者修改的纪检党内法规和监察法律法规相衔接，保证制度之间协调联动。四是坚持科学修法。保持监察法总体稳定，根据党中央部署和形势发展要求作必要修改，保持基本监察制度顶层设计的连续性。

国家监委于2023年启动监察法修改工作，主要开展了以下工作：一是深入学习领会习近平总书记重要论述。认真学习习近平法治思想和习近平总书记关于党的自我

革命的重要思想，全面梳理学习习近平总书记关于完善党和国家监督体系、持续深化国家监察体制改革、深入开展党风廉政建设和反腐败斗争等重要论述。二是深入调查研究。梳理近年来全国人大代表和政协委员提出的有关议案、建议和提案，就修法重点难点问题开展专题研究，召开专家学者座谈会，并赴部分省份开展实地调研。三是广泛征求意见。《草案》起草过程中，征求了中央和国家机关有关部门、省级监察机关和部分市、县监察机关等单位的意见。在此基础上，经反复研究、修改完善，形成了目前的《草案》。《草案》已经国家监察委员会全体会议审议同意。

三、修改的主要内容

《草案》共二十三条，对现行监察法主要作了五个方面修改，内容如下：

（一）完善总则和有关监察派驻的规定。一是为体现与时俱进修法的精神，对立法目的表述进行调整，将"深入开展反腐败工作"作为首要立法目的。二是将"遵守法定程序，公正履行职责"、"尊重和保障人权"写入监察工作原则，并在监察程序中对监察机关依法文明规范开展调查工作、保护企业产权和自主经营权等作出规定。三是规定国家监委派驻本级实行垂直管理或者双重领导并以上级单位领导为主的单位、国有企业的监察机构、监察专员，可以向驻在单位的下一级单位再派出；国家监委派驻国务院国资委等有关单位的监察机构、监察专员可以向驻在单位管理领导班子的国有企业、普通高等学校再派出。这能够为实现监察有效覆盖提供法律依据。

（二）授予必要的监察措施。根据反腐败工作需要和监察工作特点，构建轻重结合、配套衔接的监察强制措施体系。一是增加强制到案措施，规定监察机关根据案件情况，可以强制涉嫌严重职务违法或者职务犯罪的被调查人到案接受调查，解决监察实践中存在的部分被调查人经通知不到案的问题，增强监察执法权威性。二是增加责令候查措施，解决未被采取留置措施的被调查人缺乏相应监督管理措施的问题，同时减少留置措施适用，彰显本法总则关于尊重和保障人权、维护监察对象和相关人员合法权益的基本原则。三是增加管护措施，规定监察机关在特定情形下，对存在逃跑、自杀等重大安全风险的涉嫌严重职务违法或者职务犯罪人员，可以进行管护，避免有关人员自动投案或者交代有关问题后因情绪波动等原因发生安全事件。

（三）完善监察程序。一是在现行留置期限规定的基础上，增加规定经国家监委批准或决定，对可能判处十年有期徒刑以上刑罚的案件可以再延长二个月留置期限，省级以上监察机关发现另有重要罪行可以重新计算一次留置期限，以适应监察办案实际，解决重大复杂案件留置期限紧张的问题。二是明确公安机关负责省级以下监察机关留置场所的看护勤务，对留置看护队伍的组建作出原则规定。三是配套完善新增三项监察强制措施的时限和工作要求，赋予有关人员申请变更监察强制措施的权利，后续还将在相关配套制度中进一步细化采取监察强制措施的内部审批手续和工作流程，确保相关措施严格规范行使。四是规定审理程序和审理工作要求，突出审理的审核把关和监督制约作用。

（四）充实反腐败国际合作相关规定。与国际刑事司法协助法等法律相衔接，充实完善国家监委反腐败国际合作职责。

（五）强化监察机关自身建设。一是增加特约监察员监督相关内容。二是巩固深化全国纪检监察干部队伍教育整顿成果，增加规定监察人员涉嫌严重职务违法或者职务犯罪，为防止造成更为严重的后果或者恶劣影响，监察机关可以对其采取禁闭措施，体现对监察人员从严监督和约束。三是结合新增监察措施，相应完善对监察机关及其人员违法办案的申诉制度和责任追究规定。

《草案》和以上说明是否妥当，请审议。

图书在版编目（CIP）数据

《中华人民共和国监察法》学习解读 /《〈中华人民共和国监察法〉学习解读》编写组编写．--北京：中国方正出版社，2024.11．--ISBN 978-7-5174-1402-5

Ⅰ．D922.114.4

中国国家版本馆 CIP 数据核字第 2024Z6Y295 号

《中华人民共和国监察法》学习解读
ZHONGHUA RENMIN GONGHEGUO JIANCHAFA XUEXI JIEDU
本书编写组　**编写**

责任编辑：韩晴晴　尹岳辰
责任校对：周志娟
责任印制：李惠君

出版发行：中国方正出版社
（北京市西城区广安门南街甲 2 号　邮编：100053）
编辑部：（010）59594605　印制部：（010）59594625
发行部：（010）66560645　门市部：（010）66562733
网址：www. lianzheng. com. cn
经　　销：新华书店
印　　刷：北京中科印刷有限公司

开　　本：880 毫米×1230 毫米　1/32
印　　张：6.5
字　　数：110 千字
版　　次：2025 年 3 月第 1 版　2025 年 8 月北京第 9 次印刷

ISBN 978-7-5174-1402-5　　定价：18.00 元
